Ce livre appartient à: _____

11738

BIBLIOTHÈQUE PUBLIQUE DE
ST-ISIDORE DE PRESCOTT
ET PLANTAGENET SUD

«LA POUNE»

Photo de la couverture: Pierre Dury

Photos intérieures: la majorité des photos proviennent de la collection personnelle de l'auteur.

Maquette de la couverture: Gilles Cyr, le Graphicien inc.

Composition et mise en pages: Helvetigraf enr.

LES ÉDITIONS QUEBECOR
Une division de Groupe Quebecor Inc.
225, rue Roy est
Montréal, H2W 2N6
Tél.: (514) 282-9600

© 1983   LES ÉDITIONS QUEBECOR
Dépôts légaux, 2e trimestre 1983

Bibliothèque nationale du Québec
Bibliothèque nationale du Canada
ISBN 2-89089-220-4

Tous droits de reproduction, d'adaptation et de traduction réservés.

ROSE OUELLETTE

«LA POUNE»

EDITIONS
Quebecor

PRÉFACE

Le nom de ROSE OUELLETTE évoque tout de suite, pour plusieurs, la merveilleuse époque du théâtre Arlequin de Québec, le théâtre Arcade, le King Edward, le théâtre Cartier, le théâtre du burlesque Radio Cité et le populaire théâtre National dont elle dirigea les destinées si longtemps. Ce nom rappelle aussi l'époque des tournées non moins populaires de Jean-Paul Kingsley et de Jean Grimaldi.

Rose Ouellette allait devenir dès cette époque notre «POUNE» nationale. Sa longue et merveilleuse carrière est riche et bien remplie. C'est toute une vie... toute sa vie.

Mais, aussi incroyable que cela puisse paraître, cette comédienne extraordinaire, qui a passé sa vie sur les planches, allait jouer pour la première fois dans une pièce de théâtre conventionnelle, en 1981, lorsque je fis appel à ses services pour la pièce *Boeing Boeing* dans laquelle elle obtint un véritable triomphe. Je ne me doutais pas, à ce moment-là, qu'à l'aube de ses soixante-dix-huit ans j'allais permettre à Rose Ouellette de réaliser un vieux rêve qu'elle chérissait depuis longtemps et auquel elle ne croyait plus... C'est avec beaucoup d'émotion que je me rappellerai que c'est chez moi qu'elle aura connu cette facette du théâtre qui lui manquait.

Dès le début de notre association professionnelle, ce fut le coup de foudre. Une merveilleuse complicité s'installait entre nous et, à travers les productions qui nous lient depuis trois ans et les tournées qui s'ensuivent, j'ai connu l'extraordinaire magnétisme que dégage «LA POUNE» mais aussi et surtout l'amour débordant de Rose Ouellette pour son public, amour qui transpire par tous les pores de sa peau. Mais la réciproque est vraie et pour le comprendre il suffit de voir l'ovation spectaculaire que le public lui réserve chaque fois que le rideau baisse.

Demandez à un comédien ce qu'il y a de plus difficile à faire au théâtre... d'aucuns vous diront que c'est de faire rire. Voilà ce qu'elle a toujours réussi à faire sans jamais décevoir son public. «Lorsque les rires volent jusqu'au plafond, je suis plus «poune» que jamais», raconte-t-elle. Cette petite 'poune' qui fait rire le Québec depuis plus de cinquante ans n'a pas encore dit son dernier mot ni recueilli ses derniers applaudissements.

«Dans ce livre... je parle... je raconte...», m'a-t-elle confié. D'une page à l'autre, vous aussi vous découvrirez la richesse et la profondeur de cet être sensible... fort et fragile à la fois... qu'est Rose Ouellette et vous aussi, j'en suis sûr... aurez le coup de foudre.

RÉJEAN LEFRANÇOIS

AVANT-PROPOS

J'avoue que j'ai été la plus surprise des femmes lorsqu'un éditeur m'a téléphoné pour me demander de raconter mes souvenirs. D'autant plus étonnée qu'on avait déjà publié, il y a quelques années, une longue interview menée de main de maître par Phil Laframboise[1]. L'idée, en tout cas, était lancée et elle a mûri tranquillement. J'ai commencé à me demander ce que ma vie pouvait avoir de particulièrement intéressant! À me demander également si cela intéresserait vraiment les gens. Mais je me suis souvenue aussi des innombrables questions qu'on ne manque pas de me poser dès que je mets le nez dehors. Alors, j'ai accepté!

Et puis, on a tellement dit et écrit de choses sur moi ou sur LA POUNE que j'ai vraiment eu envie de mettre un peu d'ordre dans la légende une fois pour toutes. Me voici donc prête à me confier à vous, sans tricher. La tricherie n'a jamais été mon fort.

---

1. LAFRAMBOISE, Philippe, *La Poune,* Éditions Héritage, 1978.

Le personnage de la POUNE a maintenant cinquante ans bien sonnés et j'aurai moi-même quatre-vingts ans bientôt. Comme je nous connais bien toutes les deux (si tant est qu'on en arrive à se connaître un jour!), j'ai accepté de vous raconter notre histoire. Je voudrais aussi faire la part des choses entre Rose Ouellette et LA POUNE qui, si elles ont des points communs, n'en demeurent pas moins fondamentalement différentes. J'avoue qu'il devient parfois lassant d'être confondue avec son personnage.

Ces souvenirs, je vous les livre au hasard de la mémoire (que j'ai assez bonne merci!). On ne peut pas se souvenir de tout, c'est évident, mais je crois que les souvenirs qui remontent à la surface, tout naturellement, sont les plus importants. Quant aux événements qu'on a oubliés, c'est tout simplement qu'ils ont eu le sort qu'ils méritaient: l'oubli! La vie est comme une manufacture de souvenirs dont la production est un peu inégale, alors, j'ai nivelé.

Il y aura bientôt soixante-dix ans que le démon des planches m'a mis le grappin dessus et j'ai bien peur qu'il ne me lâche plus. Je l'espère en tout cas parce que j'aurais peur d'avoir du mal à me recycler! Et en sabbatique, j'aurais trop peur de m'ennuyer.

Depuis des décennies, j'ai vécu la plus belle histoire d'amour qui soit, une histoire en plusieurs épisodes qui se poursuit avec une quatrième génération de public. Cette fidélité réciproque est le plus beau fleuron de ma carrière. Merci à vous!

MON ENFANCE

Je suis née au tournant du siècle, comme disent les personnes qui ne veulent pas dévoiler leur âge, mais, comme je n'ai pas de secrets pour vous, je vous avouerai bien franchement que je suis née le 25 août 1903. Je suis donc du signe de la Vierge. (Je vous vois sourire! Ne vous gênez pas, j'en ris moi aussi!) Je suis montréalaise pure laine, du «Faubourg à m'lasse» s'il vous plaît[1]! Si le quartier existe toujours, je dois dire qu'il a beaucoup changé. J'ai l'occasion d'y retourner souvent maintenant que je suis devenue une «*veudette*» de la télévision puisque Télé-Métropole, Radio-Canada et Radio-Québec y ont maintenant pignon sur rue. Les églises et les tavernes y sont toujours, mais pour le reste, il n'y a que le souvenir.

À l'époque de ma jeunesse, le «Faubourg à m'lasse» était un quartier ouvrier assez homogène.

---

1. Il y a tellement d'interprétations différentes pour expliquer ce surnom! Je vous en donne une: il est vraisemblable que ce quartier, donnant sur le port, ait eu à subir les odeurs envahissantes qu'y laissaient les bateaux venus décharger leurs cargaisons de mélasse de la Barbade.

Homogène en tout cas pour la pauvreté. L'argent y était aussi rare que les familles étaient nombreuses et, je dois l'avouer, mes parents ont fait plus que leur part pour la revanche des berceaux. Ma mère, Joséphine Lasanté, la bien nommée, a passé vingt et une années de sa vie enceinte. Mais la mortalité infantile étant un des fléaux de l'époque, seulement quatre filles survécurent: Almoïse, Blanche, Andréa et moi, l'adorable petite Rose-Alma. Ce taux de mortalité infantile peut paraître inimaginable aujourd'hui mais, au début du siècle, c'était monnaie courante.

C'est vraiment par le plus pur des hasards que mes parents se sont rencontrés.

Ma mère, originaire du quartier Limoilou à Québec, quitta la maison assez jeune pour travailler comme fille de cuisine sur les bateaux qui faisaient des mini-croisières entre Québec et Montréal. Puis, comme ses frères étaient presque tous installés à Montréal, elle décida, elle aussi, d'y tenter sa chance et ne tarda pas à se trouver un emploi de bonne, puis de gouvernante dans une riche famille de la rue Sherbrooke. À la belle saison, elle allait chaque jour promener les enfants, dont elle avait la garde, dans un parc situé tout près de la maison: le carré Saint-Louis.

Mon père, François Ouellette, était né dans l'État de New York. La famille de ses parents, originaire du Québec, avait dû émigrer aux États-Unis comme tant d'autres, fuyant le chômage et la misère qui sévissaient ici. Il était cependant revenu vivre à Montréal, sous la tutelle de son frère aîné, le frère Nil, alors directeur du Mont-Saint-Louis. L'influence du milieu dans lequel il vécut et l'insistance de son frère aîné le firent entrer en religion. Il porta la soutane quatre années durant. À la belle saison, il allait chaque jour se promener dans un parc situé près du collège: le carré Saint-Louis.

Je sais que tout cela a un peu l'air d'un scénario préparé d'avance, mais c'est la pure vérité. Ils se croisèrent, se parlèrent et se plurent. Le plus difficile restait à faire, soit annoncer au bon frère Nil la décision qu'avait prise mon père de quitter la vie religieuse. Ça peut paraître simple à faire de nos jours, mais il fut un temps où on entrait en communauté plus facilement qu'on en sortait. Il provoqua donc le scandale dans la famille, dans la communauté et dans le quartier. Les défroqués étaient longtemps montrés du doigt et tenus à l'écart. Aujourd'hui, c'est plutôt le contraire, non?

Quand j'y pense, je me dis qu'il lui a fallu un sacré courage pour aller à l'encontre de préjugés aussi nombreux que bien ancrés. C'est le principal héritage qu'il m'aura laissé: le goût de la LIBERTÉ! Peut-être aussi certains dons artistiques. Mon père était un vrai boute-en-train qui pouvait danser, chanter et faire le clown en plus d'être un bon raconteur. Il était un animateur avant la lettre et une soirée dont l'organisation lui avait été confiée ne pouvait être que réussie. C'était un bon vivant et un chaud lapin, preuves à l'appui! Il est mort à 42 ans, après une vie bien remplie! J'étais jeune, et à cet âge, la douleur s'estompe rapidement. D'autant plus rapidement que ma mère s'est remariée peu de temps après avec Joseph Beaudoin, un homme duquel je garde le meilleur des souvenirs. C'est finalement lui qui nous a élevées, mes sœurs et moi, et nous lui étions toutes très attachées.

Que vous dire de ma mère? Que ses vingt et une grossesses n'ont jamais altéré sa bonne humeur? Qu'elle était vaillante comme personne en plus d'être une excellente administratrice? Il y aurait tant à dire d'elle. De ses talents d'éducatrice et de cordon bleu car, bien que disposant d'un budget plus que modeste, elle nous a toujours servi des repas savoureux. La façon dont cette femme faisait un tout avec des riens tenait du miracle! Elle est morte en 1951, à l'âge de 83 ans. Comme quoi le travail ne fait pas mourir! Oh! nous n'avons pas toujours été d'accord, elle et moi, mais j'avoue qu'elle avait un argument de taille : le balai!

Autant vous l'avouer tout de suite, je n'étais pas une enfant particulièrement sage. J'étais plutôt du genre «vlimeux»[1]. Aujourd'hui les spécialistes en «ogues» diraient que j'avais un goût marqué pour la différence, mais à cette époque, et surtout dans mon quartier, on était assez peu porté vers la nuance. J'avais, j'ai toujours eu et j'ai encore une sainte horreur de la routine, et bien que les années m'aient un peu calmée, je dois reconnaître que j'ai facilement la bougeotte. Enfant, ce besoin perpétuel de changement inquiétait beaucoup ma mère.

Comme ce jour où je revins à la maison dans le panier de la motocyclette d'un policier. Que pouvais-je bien avoir encore fait? se demandait ma pauvre mère. Rien de bien terrible, en fait. J'avais tout simplement suivi le joueur d'orgue de Barbarie et son petit singe toute la journée et je m'étais perdue dans la grande ville. Le brave policier qui m'avait ramenée n'avait fait peur qu'à ma mère. Pour ma part, je l'avais trouvé gentil et je résolus de profiter au maximum de ce moyen de locomotion privilégié. Cette nouvelle possibilité me permettait d'agrandir sensiblement mon champ d'action. Je m'aventurais donc de plus en plus loin de la maison et, l'heure venue de rentrer chez moi, j'allais trouver un policier à qui, la mine basse, je refaisais mon acte de la-petite-fille-perdue. Mon petit manège a duré jusqu'au jour où un policier que je n'avais pas reconnu et à qui j'avais déjà fait le même coup m'a, lui, reconnue. Alors, je restais chez moi et je m'inventais des distractions sur place. Je ne manquais pas d'imagination.

J'avais reçu un petit chien que j'adorais. Malheureusement, la pauvre bête avait été happée par une automobile et elle était morte sur le coup. Je ne voulus quand même pas m'en défaire et je trouvai le moyen de prolonger sa présence parmi nous: l'exposer! Aussitôt dit aussitôt fait, et le hangar familial devint le salon funéraire de mon toutou adoré. J'avais déjà le goût de

---

1. «Vinyenne» si vous préférez!

la mise en scène et tout était impeccable. Dans sa petite boîte de carton, entouré de chandeliers que j'avais empruntés à ma mère (j'avais cependant «oublié» de le lui dire!) mon petit chien souriait aux anges. Je l'avais, bien sûr, laissé savoir à quelques petits voisins en leur recommandant le plus grand secret! Je voulais qu'ils le disent à d'autres, quoi! Ça ne rata pas et le bouche à oreille fut d'une telle efficacité qu'il y eut bientôt un va-et-vient inhabituel dans la cour, et cela, en dépit du fait que j'avais fixé des frais d'entrée: trois épingles par tête de pipe! La dernière visiteuse fut ma mère qui, en récupérant «mes» accessoires, en remettant les épingles et en disposant du chien se demandait pourquoi ces idées saugrenues ne venaient qu'à sa petite Rose-Alma.

Je laissais couler un peu d'eau sous le pont Victoria — le pont Jacques-Cartier n'était pas encore construit — et une fois ma mère calmée, j'échafaudais de nouveaux plans. J'organisais beaucoup de spectacles, dans la cour ou dans la ruelle, pour lesquels le prix d'entrée oscillait entre trois boutons et cinq médailles. Parlant de médailles, il faut que je vous raconte:

Les médailles étaient très populaires à l'époque et chaque saint patron avait droit à la sienne propre, différente des autres par la grandeur de la pièce et par le poids du métal utilisé. Certaines étaient en argent alors que d'autres, la majorité, étaient en vulgaire tôle. Je ne me souviens plus quel saint avait eu droit à une médaille qui était de la taille exacte d'une petite pièce de cinq sous. Sauf pour le petit anneau qui dépassait, on aurait juré une pièce de cinq sous. Je n'eus aucune peine à couper l'anneau et je faisais des petits cinq sous aussi facilement que d'autres gagnaient des médailles. Pour les écouler, j'avais trouvé un dépanneur de rêve. Il était de notoriété publique que l'épicier du coin et sa femme, qui l'aidait au commerce, avaient la vue un peu basse. Je tentai ma chance en achetant des bonbons que je payai avec mes médailles recyclées. Tout se passa sans anicroche et je ne tardai pas à convier tous mes amis à des festins de «boules noires» et de «honey moon». C'est le cas de le dire, mes petites médailles étaient miraculeuses. Jusqu'au jour où les vieux étant tombés malades, ce fut leur fils «Œil de faucon» qui prit la relève. Ma mère n'en sut rien. Pour une fois, j'avais jugé bon de ne rien acheter ce jour-là!

Quand j'eus atteint l'âge de six ans, ma mère fut ravie de m'inscrire à l'école. Enfin, croyait-elle, d'autres allaient réussir à me «tenir» là où elle avait échoué plus souvent qu'autrement. La discipline de l'école allait enfin lui prêter main forte! Quelles déceptions elle a dû avoir!

L'école n'est pas mon meilleur souvenir. C'est même le plus ancien de mes mauvais souvenirs. Quand je dis l'école, entendez LES écoles, parce qu'en peu de temps j'en ai quand même fréquenté trois: l'école Marchand, l'école Garneau et l'Académie Providence. Pourtant, j'aimais l'école — j'ai toujours aimé apprendre — mais pas tous les jours. Certains jours, quand celle que je fréquentais ne m'attirait pas beaucoup, je lui préférais l'autre, la buissonnière. Si ça ne plaisait pas aux autorités, je m'en accommodais fort bien et je dois dire que j'y ai appris autant de choses qu'avec ces professeurs qui n'arrivaient que rarement à m'intéresser. Et puis, comment garderais-je un bon souvenir de ces écoles qui ont rompu unilatéralement nos fréquentations: on m'a foutue à la porte!

Bien sûr, je faisais le mur pour aller faire du patin à roulettes dans la rue, bien sûr que j'avais réglé son compte à une petite camarade snob qui se moquait de nous! Bien sûr que je faisais rire mes camarades au lieu d'apprendre mes leçons et de faire mes devoirs! Mais était-ce si terrible? Je ne faisais rien d'autre que ce qu'on demande aux jeunes de faire aujourd'hui: s'exprimer! Mais en 1910, les méthodes pédagogiques étaient différentes. Ah pour ça oui!

De cette époque, je préfère me rappeler les bons moments que j'allais passer à l'île Sainte-Hélène, en participant à des concours de toutes sortes: course à la cuillère[1], course de la poche de patates[2], je gagnais facilement tous les concours. Il faut dire que j'y mettais du cœur! Nous partions un petit groupe vers le fleuve par le tunnel de la rue Beaudry afin de prendre le traversier qui nous transportait à l'île pour cinq sous (ils n'acceptaient pas les médailles!). C'était une évasion à peu de frais et, croyez-moi, je m'évadais plus souvent qu'à mon tour. Le dimanche, surtout, était sacré, j'allais «jouer dans l'île».

Mais un dimanche, le drame éclata. Voici pourquoi. Les religieuses désignaient certaines élèves pour faire la quête à la grand-messe du dimanche. Un jour, ce fut mon tour... que j'essayai de passer, cela va de soi! J'avais convaincu une de mes petites camarades de me remplacer. Elle n'avait pas les gants blancs réglementaires et, magnanime, je lui prêtai les miens. J'avais l'esprit tout à fait tranquille et j'étais assez fière d'avoir pu m'organiser pour aller m'épivarder. Au retour, les choses se compliquèrent. Ma mère, qui n'allait jamais à la grand-messe, avait fait exception ce jour-là! Le chat sortit du sac et le balai du placard!

---

1. Il s'agissait de parcourir une certaine distance en courant et en tenant à bout de bras une cuillère dans laquelle on déposait un œuf. Essayez, vous verrez que ce n'est pas si facile.

2. Les deux pieds dans un sac de jute qui servait à empaqueter les pommes de terre, nous devions faire la course en sautant à la manière des kangourous. Peut-être peu élégant, ce jeu nous amusait cependant beaucoup.

LE MARCHÉ DU TRAVAIL

Ma mère avait compris, par la force des choses, que je ne retournerais pas à l'école. Elle l'avait même accepté, mais se demandait ce que, désormais, elle allait bien pouvoir faire de moi. Elle réussit à me trouver un emploi à la «Duchess shoes» une manufacture de chaussures où deux de mes sœurs travaillaient déjà. Ce fut d'autant plus facile que mes sœurs étaient des employées modèles.

Je suis restée six mois dans cette foutue manufacture où la routine était encore plus accablante qu'à l'école. Les premières semaines, le temps d'apprendre mon nouveau métier, tout alla bien. Puis, le temps me sembla s'étirer en même temps que l'ambiance me pesait de plus en plus. Je résolus de mettre un peu de vie là-dedans et, un beau jour, j'arrivai au travail avec mon accordéon. Les autres employées, d'abord surprises, ne tardèrent pas à se grouper autour de moi qui, debout sur une table, y allais de tout mon répertoire. Un vrai succès! Il fut d'assez courte durée cependant et fit le plus mauvais effet sur mon employeur qui décida de me mettre à la porte. J'étais à la fois inquiète et ravie. Inquiète à l'idée d'annoncer la nouvelle à la maison, mais ravie de ne plus avoir à percer ces œillets de chaussures qui me rendaient dingue! Ravie aussi parce que je ne retournerais plus dans cette manufacture qui me déprimait au plus haut point.

Cependant, une idée, encore un peu vague, m'avait effleuré l'esprit et faisait tranquillement son petit bonhomme de chemin. J'avais pris l'habitude, en finissant de travailler, de rentrer à la maison en faisant un détour par la rue Sainte-Catherine, la rue des théâtres et des cinémas. J'étais absolument fascinée par les affiches qui ornaient les façades des salles de spectacles et je crois me souvenir de celle que je regardais quand j'ai eu soudain envie d'être moi aussi sur une affiche. Oh! ce n'était qu'une intuition, un rêve, mais il y avait eu un déclic que j'avais bien senti. Cette affiche représentait Paul Gury et Simone Roberval, deux grandes vedettes de l'époque[1].

C'est à ma tante Mathilda, la sœur de ma mère, que je dois d'avoir fait mes débuts sur scène. J'aimais d'instinct tante Mathilda. Elle aimait les arts en général, le cinéma naissant et le spectacle en particulier. Un jour, elle demande à ma mère la permission de m'emmener au Ouimetoscope. Le Ouimetoscope était un cinéma à la mode qui présentait, en plus des films, un spectacle sur scène où apparaissaient des artistes amateurs. Poussée par ma tante Mathilda, je me présentai au concours. Pour la toute première fois, j'étais sur une scène et je chantais devant un public. Ce fut un choc. J'avais gagné le premier prix en chantant une chanson réaliste que j'avais apprise de ma mère: *Saluons les pauvres gueux*:

«Saluez riches heureux
Ces pauvres haillons...»

Mon répertoire à l'époque n'était pas très vaste. En fait, je ne connaissais bien que trois chansons: *C'est un*

---
1. La pièce qui était à l'affiche fut un des grands succès de l'époque: *Le mortel baiser*.

z'oiseau qui vient de France, Saluons les pauvres gueux et Le rêve passe.

Je sortis du cinéma gonflée à bloc. Tout s'était passé si vite que je n'arrivais pas à réaliser tout à fait ce qui m'arrivait. Je savais en gros que cela m'avait plu, mais j'étais un peu inquiète. Qu'allais-je raconter à maman? Comment expliquer la provenance de cet argent que j'avais gagné en remportant le premier prix? Tante Mathilda, heureuse de la tournure des événements, mais se sentant un peu coupable vis-à-vis de ma mère, décida qu'il valait mieux tenir la chose secrète pour le moment et m'offrit de garder ma «fortune».

J'aurais voulu que chaque jour soit un vendredi. Je n'avais qu'une envie: CONCOURIR! Qu'un besoin: être à nouveau sur la scène. J'avais eu le coup de foudre pour ce métier dont je ne connaissais rien. Puis le vendredi arriva enfin. Re-concours, re-premier prix. J'étais aux oiseaux. Tante Mathilda m'accompagnait et gardait tout mon pécule dans son réticule. C'était ridicule! Ma mère ne savait toujours rien et je sentais bien que la situation ne pouvait pas durer. Il fallait que je lui parle, mais je savais les préjugés qu'elle entretenait face au merveilleux monde du show-business et je craignais sa réaction. En attendant, j'étais devenue «artiste-invitée» du Ouimetoscope. Voici ce qui s'était passé.

À force de gagner les concours, j'avais fait des envieux. Des envieuses, devrais-je dire, car il s'agissait plutôt des mères des autres concurrents qui trouvaient ma participation déloyale. Je dois reconnaître que j'avais une voix puissante, ce que mon public d'aujourd'hui ne peut pas soupçonner. On me surnomma «La Palma Canadienne»[1]. Comme j'obtenais un certain succès, le gérant du Ouimetoscope, M. Sylvio, et l'organisateur du concours d'amateurs, M. Gardin — le Jean Simon de son époque —, décidèrent que je ne participe-

---

1. La Palma était une chanteuse française qui ne faisait qu'enregistrer des disques sans jamais se produire sur scène.

rais plus au concours mais qu'ils continueraient de me verser un cachet. On m'offrit même d'aller chanter dans d'autres boîtes, à Ville La Salle, à Verdun ou à Lachine, autant dire au bout du monde! Ce n'était pas l'envie qui me manquait d'accepter, mais je me devais de refuser puisque ces escapades prolongées n'auraient pas manqué de mettre la puce à l'oreille de ma mère qui, je le rappelle, ignorait encore tout de mes activités artistiques. Ça n'avait plus aucun sens, il fallait que je lui parle. Mais a-t-on jamais envie d'affronter le pire?

En fait, c'est elle qui m'en parla la première. Voici les faits.

Un jour, une voisine bien intentionnée rencontre ma mère et la félicite à mon sujet:

— Quelle voix elle a votre petite Rose-Alma!

— C'est vrai qu'elle a une bonne voix. Tout le quartier l'entend quand elle chante dans la cour.

— C'est toujours un plaisir de l'entendre mais au théâtre, avec des musiciens, c'est autre chose!

— Au théâtre? Comment ça au théâtre?

— Mais oui, au Ouimetoscope. Je l'ai encore entendue hier soir et je ne suis pas la seule à penser qu'elle a du talent. Vous devriez entendre le public l'applaudir! Je ne serais pas surprise qu'elle fasse du théâtre quand elle sera grande.

Cette voisine avait du flair, parce que si je n'ai pas beaucoup grandi, j'ai fait, en revanche, beaucoup de théâtre.

Quand je revins à la maison ce jour-là, je sentis l'odeur du drame qui couvait. L'atmosphère était lourde. Puis, comme un ouragan, ma mère éclata! Oh! croyez-moi, elle aussi avait toute une voix lorsqu'elle se mettait en colère. Et un vocabulaire trop personnel pour que je vous le rapporte tel quel. Ça se traduirait par ceci:

— Qu'est-ce que c'est que cette histoire de Ouimetoscope?

— C'est toi-même qui m'as donné la permission d'aller au théâtre avec ma tante Mathilda.

— D'aller au théâtre, oui, pas d'en faire! Attends que j'attrape la Mathilda!

Elle l'attrapa avec une invitation à dîner où la pauvre Mathilda mangea plus de bêtises que de nourriture. Elle eut beau raconter mes succès et invoquer tous les arguments possibles, ma mère était déchaînée et ne voulait rien entendre. Elle se radoucit quand même un peu à la vue de l'argent que Mathilda avait gardé comme argument massue. Mais elle n'en démordait pas, il n'était plus question de théâtre pour moi.

— Bien, maman!

Dans ces moments-là, il valait mieux ne pas la contredire, mais je ne trouvais pas ça bien du tout. Le théâtre m'attirait comme un aimant. J'avais trouvé ma voie, j'en étais sûre, et il n'était plus question pour moi d'abandonner. Mais je n'avais que quatorze ans et je ne pouvais pas encore décider de tout. Le destin m'offrit des alliés et une solution.

J'avais une amie italienne dont la famille, qui habitait le quartier, était musicienne. Je demandais et obtenais facilement la permission d'aller chez ces gens qui avaient toute la confiance de ma mère. Quand j'étais chez eux, ma mère me croyait en sécurité. Ce qui était vrai, à la différence près que je n'étais pas «chez» ces gens, mais «avec» ces gens. Nuance! Le père, un chanteur assez doué, me semblait-il, adorait la musique et nous amenait dans... des concours d'amateurs.

Le chat ressortit du sac un jour et j'eus une autre «conversation» avec ma mère:

— Qu'est-ce que c'est que cette histoire de Lune Rousse (une boîte où nous allions chanter)? Je t'avais pourtant interdit d'aller chanter.

— C'est ça que je veux faire et je le ferai!

— Tu ne le feras pas!

— Je le ferai!

Un vrai dialogue de sourds. J'étais aussi têtue qu'elle. J'avais de qui tenir, après tout.

Le lendemain, à mon retour à la maison, je vis que, cette fois, la pression allait être sérieuse. Il y avait de la visite rare: Monsieur le curé en personne. J'ai tout de suite compris que c'était pour moi.

— Bonjour monsieur le curé, vous êtes venu pour moi, n'est-ce pas?

— Bah! je passais prendre des nouvelles de la famille et je...

— Pas la peine de prendre des détours, monsieur le curé. Je sais que vous êtes venu pour moi et parce que ma mère vous a demandé de venir.

— Ta mère m'a seulement dit que tu voulais faire l'artiste. C'est vrai ça, Rose-Alma?

— Tout ce qu'il y a de plus vrai, monsieur le curé. Je veux être chanteuse et, autant vous le dire, je veux être comédienne! Je veux faire rire les gens.

Le grand mot était lâché! Le RIRE, qui allait occuper une si grande place dans ma vie.

Au bout de seulement quelques minutes de conversation, le saint homme se rendit bien compte que rien ne viendrait à bout de ma détermination et il dut s'avouer vaincu.

— Je crois bien qu'elle le fera, dit-il à ma mère. Prenez-en votre parti, elle le fera avec ou sans votre consentement. Ce que vous pourriez faire de mieux, ajouta-t-il, serait de l'accompagner et de veiller sur elle.

Ce qu'elle fit longtemps. Puis, un jour, vint enfin la confiance et je pus aller travailler seule. J'étais devenue autonome. Je goûtais enfin à la liberté. La liberté de choisir ce métier que je tenais à exercer par-dessus tout. Mais un fait demeure, c'est au curé de la paroisse Sainte-Catherine que je dois un peu d'avoir pu faire ce métier officiellement. Depuis, j'ai toujours eu des contacts cordiaux avec les gens d'église. Oh! pas tous, c'est certain, mais en général, ça se passait plutôt bien. Il y avait ceux qui me jugeaient sans m'avoir vue, ce qui ne les empêchait pas de colporter toutes sortes de ragots plus farfelus les uns que les autres. Heureusement, il y avait les autres, plus nombreux, qui collaboraient avec nous. Si certains curés déconseillaient à leurs paroissiens d'assister au spectacle, d'autres en revanche ne se gênaient pas pour «souligner» notre présence dans la région et allaient même jusqu'à nous recommander à leurs confrères des autres paroisses. Les presbytères constituaient le meilleur système de communications de l'époque.

Nous jouions tantôt dans des sous-sols d'églises et tantôt dans des salles publiques. Le spectacle était ajusté à la situation et tout le monde y trouvait son compte.

Je garde la nostalgie de ces bons gros curés de campagne, toujours assis au premier rang comme il se doit, dans leurs soutanes vertes d'usure et jaunes de soupe aux pois!

MES «GRANDS» DÉBUTS

Au bout d'un certain temps, j'avais fait le tour de tous les concours d'amateurs qui se tenaient dans la région montréalaise. Je les avais tous gagnés, deux fois plutôt qu'une, et je me dis qu'il était temps que je passe à autre chose.

Cette autre chose allait se concrétiser rapidement. Le théâtre National annonçait des auditions afin de trouver des recrues pour la nouvelle revue qu'on allait y présenter. Accompagnée de Juliette Paré, je me présente à l'audition que nous passons sans difficultés. Rendez-vous le lundi suivant, nous étions engagées. Pour y faire quoi? Personne ne pouvait vraiment nous le dire, mais cela importait peu. Je venais de signer mon premier contrat en tant que «professionnelle». Un cachet fabuleux: quatre beaux dollars. J'avais des ailes en rentrant à la maison pour annoncer la bonne nouvelle, à ma famille d'abord, puis à mes amis qui se chargèrent de la propager dans tout le quartier.

Puis, le grand soir arriva. Il y avait au moins quelques rangées qui étaient occupées par mes amis. Des gens étaient venus pour moi... et me cherchèrent durant toute la pièce. Pas de petite Rose-Alma. Ou plutôt, une petite Rose-Alma méconnaissable: Juliette et moi triomphions dans le rôle d'une vache! Nous faisions partie du décor, silencieuses et ridicules, dissimulées sous une imitation de peau de vache. Drôles de débuts!

La revue terminée, il fallait trouver autre chose. Je retournai chanter un peu partout, parfois à Montréal, parfois en tournée. Laissez-moi vous raconter la première.

Je devais avoir quatorze ou quinze ans lorsqu'on m'offrit de partir en tournée avec le «Dancing Beauty Show». Ma mère n'était pas du tout convaincue qu'elle devait me laisser partir avec ce cirque, mais, après que la responsable de la tournée l'eut rassurée en lui promettant de veiller sur moi et sur ma vertu, elle se laissa fléchir.

Fred Norman était une des vedettes du spectacle. Ce dont peu de gens se souviennent, c'est que Fred, avant de devenir l'imprésario important qu'il a été, avait commencé par faire du spectacle[1]. C'était un acrobate époustouflant! Quant à moi, je chantais durant les changements de décors. Je ne chantais qu'une chanson, mais je la chantais au moins dix fois par jour. Portant un casque et une collerette, je brandissais une petite épée en chantant *LE RÊVE PASSE*:

«Les voyez-vous,
les tambours, les clairons, la garde»

Puis, on démontait la tente et on repartait pour la prochaine étape et tout recommençait. C'était du spectacle perpétuel. J'étais trop jeune et trop heureuse d'être une artiste pour songer à me plaindre des conditions qui n'étaient pas toujours... idéales.

Il y eut notamment une autre tournée que je fis avec Jean Nel et dont j'ai d'excellentes raisons de me souvenir. La première est que j'ai dû l'interrompre pour don-

---

1. Il fit une intéressante carrière sous le nom de «Pointu Leblanc».

ner naissance à ma fille Denise. Au fait, je ne crois pas vous avoir dit que je m'étais mariée. J'avais rencontré un jeune comédien français, Marcel Dequoy, avec lequel je m'entendais très bien. Nous nous sommes mariés et nous avions même mis au point un petit numéro ensemble. Mais cette tentative se révéla peu concluante et nous résolûmes de poursuivre nos carrières respectives chacun de notre côté. Il devint le partenaire d'une comédienne célèbre, Caroline — de son vrai nom Juliette D'Argère — , qui fut entre autres choses directrice du Théâtre Laurier d'Ottawa. Marcel mourut très jeune, après une courte maladie. Il avait commis une imprudence et avait pris froid.

Un incident cocasse — du moins pour le public — devait marquer la tournée.

Nous présentions la pièce *La comtesse de Bussières* dans laquelle je tenais le rôle d'une bonne. Déjà! Un jour, nous étions en Gaspésie, la comédienne qui tenait le rôle principal tombe malade! Tellement malade qu'on doit la transporter d'urgence à Montréal en ambulance. Jean Nel était dans tous ses états et ne savait plus à quel saint se vouer. C'est alors qu'une comédienne de la troupe, la Belge Henriette Hurteau, propose qu'on m'essaie dans le rôle puisque, de toutes façons, mon rôle de bonne pouvait très bien être coupé sans que la pièce y perde son sens. Et je devins la comtesse de Bussières... pour un soir seulement. C'est en revêtant la robe de la comtesse que je ressentis tout le ridicule de la situation. La comédienne que je remplaçais mesurait... beaucoup plus long que moi. Pour tout arranger, la robe avait une traîne interminable avec laquelle j'avais beaucoup de mal à bouger.

La pièce que nous jouions était un drame et les pirouettes n'étaient pas de mise. J'en fis pourtant quelques-unes, par la force des choses, mais le premier acte se termina sans catastrophe. J'étais quand même très nerveuse en attaquant le deuxième acte et je suais sang et eau. J'avais beaucoup plus de texte à dire et j'avais eu très peu de temps pour le mémoriser. Puis arrive une scène cruciale dans laquelle je viens de recevoir une lettre porteuse de mauvaises nouvelles qui provoque une bonne scène de larmes. Le drame est à son apogée. Mon partenaire me demande: «Quelle est, chère comtesse, la raison de ces pleurs?» Ma réplique était: «Mon fils se meurt, on me l'écrit!» La langue me fourche et je lance à pleins poumons: «Se mourât-on m'écriva-t-il!» Les rires que déclencha spontanément ma réplique eurent deux conséquences. La première c'est qu'on baissa le rideau, que je reçus sur le nez, et la seconde fut de me confirmer que j'étais faite pour jouer la comédie, non le drame.

Retour à Montréal, où je décrochais régulièrement des petits contrats ici et là. Il y avait beaucoup de salles de spectacles, et c'est en travaillant un peu partout que j'apprenais mon métier. Les directeurs de revues n'étaient pas tous des fins psychologues et je me souviens d'avoir reçu quelques bons coups de textes sur la tête pour avoir raté une entrée. Cette méthode de former les jeunes comédiens peut paraître un peu étonnante aujourd'hui, mais elle avait le mérite d'être efficace. Nous ne faisions jamais la même erreur deux fois. C'était la dure école et je me souviens d'avoir «braillé» dans plus d'une loge. Mais je prenais peu à peu de l'assurance et je réalisais que j'étais vraiment faite pour ce métier.

J'avais ma conception de ce métier et j'avais confié à ma mère: «Si ça ne marche pas, je m'arrête!» Je n'aurais pas été du genre à m'accrocher si ça n'avait pas marché. Mais ça marchait bien pour moi. Oh! je ne dis pas que je n'ai connu que des triomphes à partir du moment où j'ai mis les pieds sur une scène, mais j'ai reçu assez d'encouragements, et ce, dès le début, pour m'inciter à continuer. Je n'avais pas l'ambition de devenir une «vedette» — je ne l'ai jamais eue — et je me contentais de bien faire mon métier au jour le jour. Poursuivre une carrière et devenir une vedette sont deux métiers parallèles: L'un dure, l'autre pas.

J'avais déjà travaillé au théâtre Alcazar[1] en même temps que la troupe de Madame Duvernay, une directrice à qui je dois beaucoup. Non seulement allait-elle m'engager dans la revue qu'elle préparait pour le Ouimetoscope, mais elle allait devenir mon professeur. Elle ne donnait pas de cours comme tels, mais les conseils qu'elle m'a donnés et la connaissance pratique qu'elle avait de la scène valaient bien tous les cours d'art dramatique que j'aurais pu suivre. Elle m'a appris à développer ce sens du *timing* si essentiel à quiconque veut exercer ce métier. Le rythme, les silences, les entrées et les sorties, le comportement en scène, cette femme m'a tout appris. Mais le meilleur conseil qu'elle m'a donné et que j'ai essayé de suivre tout au long de ma carrière, c'est d'être à l'écoute des autres. «Écoute, me répétait-elle sans cesse! Écoute et regarde, c'est la meilleure façon d'apprendre.»

Je n'étais pas encore La Poune et je n'étais déjà plus Casserole. Ce surnom... imagé m'avait été donné par les propriétaires d'un théâtre de la rue Saint-Laurent où j'avais travaillé. Avec leur drôle d'accent, ce nom sonnait un peu la ferraille: «*Kâssroll», it's your turn!* Je laissai tomber! J'allais, quelque temps plus tard, être baptisée pour la vie.

---

1. Ce théâtre était situé angle Sainte-Catherine et Dorion.

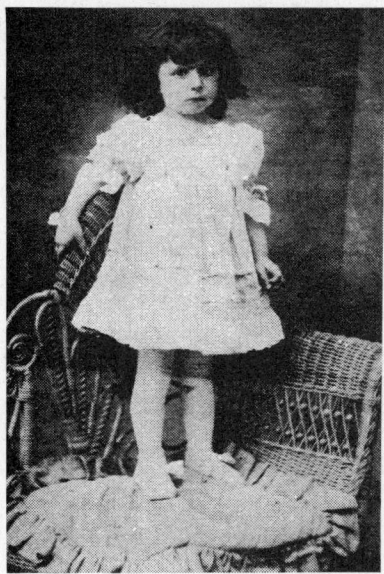
La charmante petite Rosa-Alma...

J'avais déjà le goût de «faire l'artiste».

Première automobile, premier décor.

Si j'avais l'air sage, je n'en avais malheureusement pas la chanson!

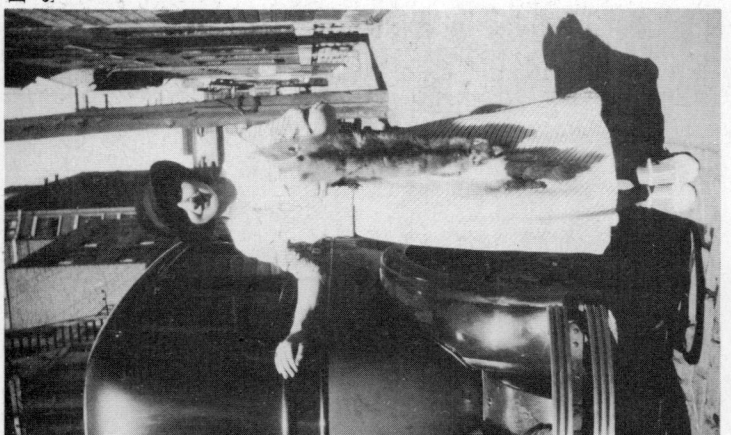

Lady Ouellette et son premier vison.

Première photo chez Famous Studio. C'est une de mes préférées.

Devant le monument de Champlain à Québec, la ville au public en or!

En 1943, dans la loge-bureau de mon cher National.

Mon père, François Ouellette, un chaud lapin.

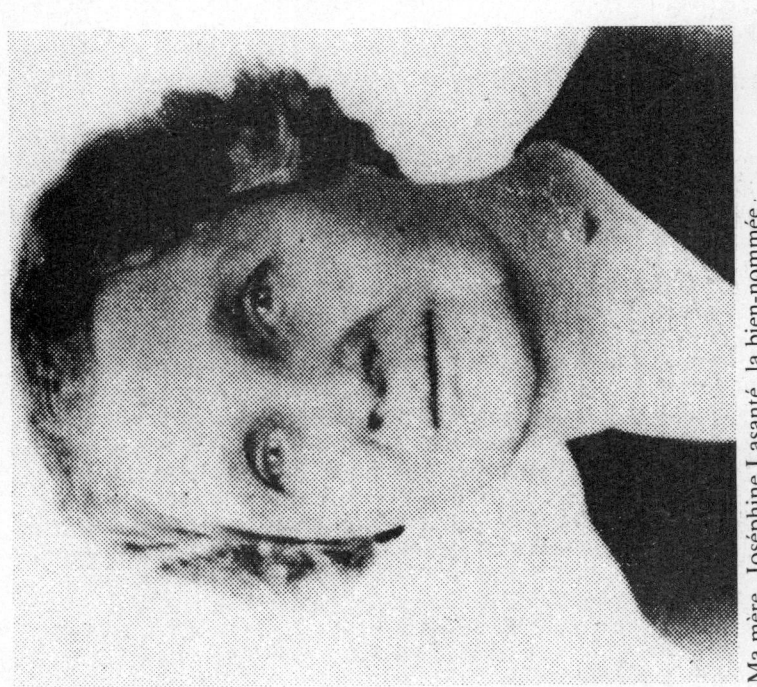

Ma mère, Joséphine Lasanté, la bien-nommée.

Deuxième session chez Famous Studio, ma carrière marche bien.

Mon mari, le comédien Marcel Dequoy. J'avais du goût, non?

Mon amie Lucienne Narbonne. Elle porte le maquillage typique de l'époque.

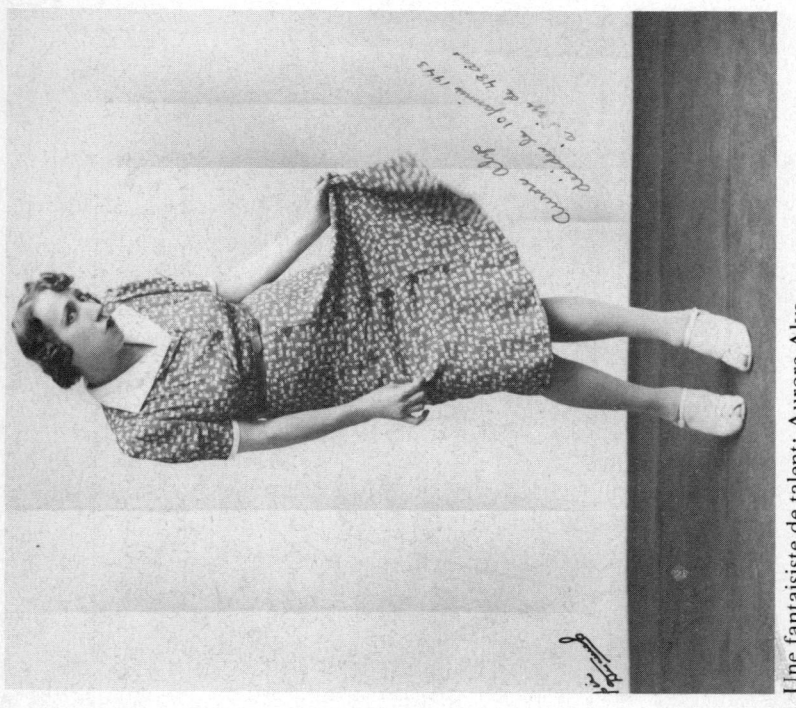

Une fantaisiste de talent: Aurore Alys.

Jeanne De Maubourg, une très grande artiste à qui le théâtre doit beaucoup.

Le grand comédien Paul Hébert à l'époque où il dirigeait le théâtre Arcade, en 1928.

On me fête au National. De gauche à droite: Denyse Saint-Pierre, Jean Desprez, Roger Garceau, Pierre Thériault, Lucien Roy, Colette Ferrier, Juliette Pétrie et madame la directrice...

Directrice de théâtre heureuse et comédienne comblée...

La Poune, dans ses célèbres «culottes à grandes manches» et Rose Ouellette, version coquette. Deux grandes amies! Un montage réussi.

Mon maître, Ti-Zoune sr., le grand Olivier Guimond.

Un «chansonnier»: 25 cents pour 20 chansons. Non c't'ait pas cher!

«La Poune aux oeufs d'or», comme on me surnommait chez France-Film.

Xylophoniste à mes heures...

Tel père, tel fils. Mon ami, Olivier Guimond junior.

TI-ZOUNE

C'est au théâtre King Edward, rue Saint-Laurent, que je fis la connaissance de celui qui était déjà mon idole et qui allait devenir mon maître. De nous tous, il était le plus grand, et je tiens à ouvrir une parenthèse pour vous parler de cet homme exceptionnel qui fut le phare incontesté de toute une génération de «comiques».

Pour ceux qui l'ont connu — et ils sont de moins en moins nombreux — la seule évocation de son nom suffit à ranimer les plus beaux souvenirs et les mots sont malhabiles pour décrire une personnalité aussi riche.

Olivier Guimond était *shoe-shine boy* à Ottawa, sa ville natale, lorsque Arthur Pétrie, le mari de Juliette, l'engagea comme porteur de bagages et homme à tout faire de la troupe qu'il dirigeait alors. Deux ou trois grimaces et une couple de pirouettes qu'il avait faites en «*shoe-shinant*» avaient attiré l'attention de Monsieur Pétrie, toujours à la recherche de nouveaux talents.

Arthur Pétrie lui confia, en plus de ses fonctions de porteur et d'homme à tout faire, la tâche de distraire les spectateurs pendant les changements de décors. Son succès fut immédiat et son talent unanimement reconnu. Il était devenu l'immortel TI-ZOUNE, le plus grand comique que le Québec ait connu.

Monsieur Guimond était un bel homme. C'était la première chose qu'on remarquait. Mais à la différence de certains Adonis que j'ai croisés au cours de ma longue carrière, il était encore plus beau en dedans! Il avait un charme absolument irrésistible et pouvait séduire une salle entière juste en la regardant. En plus, il avait tous les talents: chanteur, musicien, acrobate, acteur ou clown, il pouvait tout faire. Mais pour moi, un de ses talents surclassait tous les autres, et je n'ai jamais vu, depuis, un mime aussi doué. Je l'ai vu tenir une salle de façon magistrale deux heures durant en ne prononçant pas une seule parole. Juché sur un escabeau, ses contorsions et ses mimiques tenaient les spectateurs en haleine aussi longtemps qu'il le voulait.

Dommage qu'il soit tombé malade à l'avènement de la télévision, j'aurais tellement aimé que plus de gens puissent l'apprécier. J'aurais aussi souhaité que les nouvelles générations de comédiens aient accès à des documents qui les auraient sans doute inspirés.

J'ai adoré cet homme et je vénère encore le souvenir de l'artiste incomparable qu'il était. Je nous en souhaite d'autres!

Fermons la parenthèse.

C'est après être venus m'entendre au Laurier[1] que MM. Guimond et Ely Lawand[2] décidèrent de m'engager dans la revue que la troupe de Ti-Zoune allait présenter au King Edward.

---

1. Salle de spectacle très fréquentée, le Laurier fut détruit dans un incendie en 1927.
2. Ely Lawand était le propriétaire du King Edward, tandis que son frère, Najeeb, s'occupait du Laurier.

Je m'installai donc au King Edward où je tenais dans la pièce un petit rôle de... bonne (parce qu'il y a des petits rôles de bonne et des grands rôles de bonne, mais nous y reviendrons). Germaine Lippé tenait le premier rôle de la pièce jusqu'au jour où un malencontreux accident l'empêcha de continuer. En se rendant au restaurant, entre une matinée et une soirée, elle glissa sur une plaque de glace et ne put se relever. On la transporta à l'Hôpital Général où on diagnostiqua une fracture de la jambe. Panique au théâtre!

Armand Lacroix, un comédien de la troupe, suggéra alors à Paul Hébert[1] de m'essayer dans le rôle:

— Elle passe tout son temps dans les coulisses. Elle connaît tous les rôles par cœur!

Enfin, ce ne sont pas ses paroles exactes, mais je transpose, parce que le comédien Lacroix, il parlait un ton plus gras!

Le rôle que je tenais me laissait, en effet, beaucoup de temps libre que je passais en coulisses à regarder jouer les «grands» et, sans m'en rendre compte, j'avais appris presque tous les rôles par cœur. J'hésitais cependant à accepter, me souvenant de la mauvaise expérience que j'avais vécue en remplaçant une comédienne au pied levé. Le rôle me convenant mieux que celui de la comtesse de Bussières, on n'eut pas trop de mal à me convaincre. Je voulais tellement faire ce métier que je me fiai à mon instinct et je plongeai. Plongeon réussi. Tellement bien réussi que le patron ne voulut plus reprendre cette pauvre Germaine lorsqu'elle fut rétablie.

Autres temps, autres mœurs, me direz-vous, mais il n'y avait aucune espèce de protection pour les artistes à l'époque et on vous remerciait de la même façon qu'on vous avait engagé: sans discussions! Je souris aujourd'hui quand je vois les jeunes comédiens et comédiennes

---

1. Paul Hébert était le gérant du King Edward. Il était également comédien et, juste retour des choses, je devais l'engager à mon tour au National vers la fin de sa carrière.

fendre un cheveu en quatre et discuter des conditions de travail avec beaucoup plus de fougue qu'ils n'en mettent dans le travail lui-même. Quand j'ai commencé, la seule règle était de donner le maximum, et si on ne passait pas la rampe: *Goodbye,* au revoir, *arrivederci* et au suivant! C'était bien avant les unions au sujet desquelles je ne voudrais pas porter de jugement de valeur — elles ont accompli des choses appréciables pour les ouvriers — mais dans les métiers qui relèvent de la créativité, elles ont encore beaucoup d'améliorations à envisager avant de satisfaire ce groupe d'individualistes que sont les artistes.

La troupe de TI-ZOUNE partait pour Québec où elle allait présenter la Revue des Revues. Monsieur Guimond m'offrit d'y participer et c'est avec joie que je fis mes valises pour Québec. J'étais déjà allée travailler à Québec et j'allais y retourner bien souvent par la suite. Québec est une ville que j'adore et où je me sens vraiment chez moi. Le public de la Capitale est un des plus chaleureux que je connaisse!

La revue était à l'affiche du théâtre Impérial, dans la basse-ville de Québec. Monsieur Guimond ne trouvait pas mon nom très efficace: Rose Ouellette n'avait rien d'accrocheur à cette époque où la mode voulait que les comiques choisissent un surnom[1]. Casserole ne lui plaisait pas non plus. C'est alors qu'il se souvint d'un surnom affectueux que Jean Gabin avait donné à sa fille: LA POUNE.

En arrivant au théâtre, le soir, je vis la marquise qui annonçait en grosses lettres bien grasses:

TI-ZOUNE et LA POUNE.

Voilà donc l'origine du nom de ce personnage qui n'allait plus me quitter jusqu'à ce jour.

---

1. Quelques exemples des surnoms de l'époque: Al Beaumond était devenu «BOZO», Teddy Burns, «GOOGLES» tandis que Charlie Ross s'appelait «PIC PIC» et Alexis St-Charles, «Balloune».

C'est dans le train qui me ramenait de Québec à Montréal que je croisai ce brave Najeeb Lawand qui m'offrit le théâtre Cartier à Saint-Henri:

— Ma chère Rose, pourquoi ne prendriez-vous pas la direction du Cartier et n'y présenteriez-vous pas une revue avec votre troupe?

L'offre était tentante, à la restriction près que... je n'avais pas de troupe!

LE CARTIER

Je dois avouer qu'il ne me fut pas très difficile de recruter des comédiens, des comédiennes ou des danseuses. Nous étions à la veille de la grande crise économique de 1929, et l'argent se faisait de plus en plus rare. Les théâtres également. À cause de l'incendie tragique du théâtre Laurier, où des dizaines d'enfants moururent brûlés vifs, la Ville de Montréal avait fermé tous les théâtres dont les normes de sécurité ne répondaient plus aux nouveaux règlements. La plupart de ces théâtres dataient de la fin du siècle dernier, une époque où les normes de sécurité étaient à peu près inexistantes. En même temps que le krach se produisait, l'arrivée du cinéma parlant porta aussi un dur coup au théâtre. Bref, tout n'allait pas pour le mieux.

C'est dans ce contexte plutôt difficile que je recrutai ma première troupe du Cartier: Arthur et Juliette Pétrie, Aurèle Dumont, pour qui j'avais déjà travaillé à Québec, Armand Lacroix, que j'avais connu au King Edward, et Géraldo & Raynaldo, deux jeunes danseurs de Québec que j'avais remarqués lors de mon passage à l'Arlequin. Il y avait en plus un petit orchestre et des invités spéciaux à chaque semaine.

Être directrice de troupe au Cartier n'était pas de tout repos. Il fallait vraiment s'occuper de tout: écrire la revue, la répéter, engager les «actes de nouveautés» et surtout, surtout REMPLIR la salle.

Nous travaillions dur, c'est le moins qu'on puisse dire. Afin de joindre les deux bouts, nous allions également présenter notre spectacle au théâtre Dominion, sur la rue Papineau (l'actuel théâtre des Variétés). Ça donnait à peu près ceci: vers midi, une brève répétition; à une heure, matinée au Cartier, rue Notre-Dame à Saint-Henri. De là, nous sautions dans un taxi qui nous emmenait au Dominion où nous présentions le spectacle vers quatre heures de l'après-midi. Re-taxi pour le retour au Cartier où nous étions sur scène à huit heures trente. Il fallait entre-temps penser et écrire des nouvelles revues — nous en changions toutes les semaines — et vaquer chacun à nos occupations personnelles. Rien que ça! Je ne dis pas que Madame la directrice n'a pas fait d'erreurs, mais je peux vous dire qu'elle apprenait son métier, et vite!

Je dois avouer que je pouvais compter sur tous les membres de ma troupe. Chacun y allait de toutes ses énergies sans tenir compte du temps et des efforts qu'il fallait fournir. Aurais-je pu y arriver sans l'aide inestimable de Gertrude Bellerive, qui avait un œil à tout et savait aplanir les difficultés qui surgissaient quotidiennement? Je ne le crois pas.

Je sais bien que mon nom est davantage lié au National, mais en toute justice je crois pouvoir dire que ces huit années passées au Cartier sont celles qui auront été les plus importantes de ma carrière, en ce sens qu'elles m'ont permis d'acquérir un métier fou!

C'est aussi et surtout grâce au public de Saint-Henri que je dois d'avoir pu passer huit années dont je garde un souvenir ému. Ce public, composé en grande partie d'ouvriers et de chômeurs (il y avait plus de quarante pour cent des gens qui vivaient sur le «secours direct», l'ancêtre de l'assurance-chômage) avait grandement besoin de se divertir. En fait, ces gens avaient autant besoin de se divertir que nous avions besoin de jouer. Nous nous complétions bien.

La radio commençait à faire parler d'elle et j'eus dès ce moment des offres pour participer à différentes émissions. Mais avec l'horaire chargé qui était le mien, il m'était impossible de courir tous les lièvres à la fois. J'allais cependant trouver le temps de *«faire des records»*. On allait immortaliser ma voix dans la cire.

LES DISQUES

Je venais de m'installer au Cartier avec ma troupe lorsque je fis la connaissance de M. Joseph, alors directeur artistique de la firme RCA Victor.

L'industrie du disque était en plein essor et la maison RCA se situait tout en haut de la pyramide. On enregistrait beaucoup à l'époque et la méthode de recrutement consistait à dénicher dans les salles de spectacles les artistes qui avaient la cote d'amour du public. Il faut croire que je commençais à l'avoir de manière évidente quand M. Joseph s'emmena au Cartier pour voir mon spectacle. Le succès que j'y remportais dut me servir de caution puisque quelques jours plus tard sa secrétaire me téléphonait pour prendre rendez-vous.

C'est ainsi que je suis devenue la première artiste québécoise à enregistrer du matériel d'ici. C'est une réalité dont je suis assez fière.

Le contrat que RCA m'offrait m'assurait d'un cachet fixe de 25 $ par chanson ou 50 $ pour le 78 tours au complet. En plus d'ajouter une corde à mon arc, cela arrondissait agréablement mes fins de mois. Puis j'ai commencé à écrire mes chansons et je touchais en plus les droits d'auteur. Je ne dis pas qu'il ne manquait pas un pied par-ci par-là et que les rimes étaient toujours parfaites — il pouvait même y avoir des liaisons dangereuses — mais je me faisais comprendre. La preuve en est que j'en ai enregistré et vendu une quantité impressionnante. Chez RCA, comme plus tard chez France-Film, j'étais leur «Poune aux œufs d'or». Nous ne touchions cependant pas de droits sur la vente des disques comme c'est la règle aujourd'hui.

En route donc pour la rue Saint-Antoine, où la compagnie RCA avait installé un studio dans un ancien logement. Rien à voir avec les studios sophistiqués d'aujourd'hui! Le décor était fort simple et l'orchestre à l'avenant: un accordéoniste, un violoniste-violoneux, un tambour — qu'on appelle aujourd'hui une batterie — un pianiste et un chef d'orchestre-arrangeur, M. Lacroix, qui jouait également de l'harmonica que nous appelions de la ruine-babine. Je me souviens du piano, toujours un peu faux, qui chatouillait les oreilles de tout le monde sauf des gens de RCA qui lui trouvaient un son superbe. Et passez-moi l'expression, ça ne «niaisait» pas dans les studios de RCA. *One take!* «*Very good, Miss Ouellette!*» Ah, si au moins Jacques Laflèche avait été inventé dans le temps!

Je me souviens d'un jour — je travaillais à Trois-Rivières — où M. Joseph me fit mander d'urgence à Montréal pour enregistrer un disque. Je saute dans le premier train et j'arrive à Montréal où une voiture de la compagnie m'attend pour me conduire à La Prairie où on me fit visiter le fameux R-100. Puis au studio pour faire un disque sur l'événement qui avait eu un retentissement considérable.

Des titres me reviennent en mémoire: *Faut qu'ça grouille, La Poune au paradis*.

> «C'est moé La Poune qui monte au Paradis
> Jouant ma toune amusant les amis
> V'là tous les saints qui se mettent à danser

> Et dans l'entrain, le bal a commencé
> St-Pierre dansait un'gigue
> J'ai dit c'est le temps d'l'enjôler...
>
> Et j'ai vaincu tous les maux attendus
> Je fus l'élue, au ciel la bienvenue
> On a rendu le verdict attendu
> Et on a su qu'j'avais tout' ma vertu
> J'ai dit à tous les anges
> Venez-vous-en on va jouer au bingo.»

Un autre disque dont je me souviens et que j'avais enregistré avec le regretté Paul Hébert racontait l'histoire d'un couple «d'habitants» venus «en ville» pour assister à la parade de la Saint-Jean. *La Saint-Jean-Baptiste* a été le gros succès des fêtes cette année-là.

Avec Paul Hébert, j'ai également enregistré d'autres aventures de *Polion et Maria* qui commentaient à leur façon les principaux événements de l'actualité.

Et puis, bien sûr, ma chanson fétiche: *La faute à Poupa:*

> «C'est pas d'ma faute
> Si j'suis v'nue au monde comme ça
> C'est pas d'ma faute
> C'est d'la faute à mon poupa.»

Cette chanson, il arrive qu'on me la redemande et je la fredonne toujours avec plaisir, elle véhicule tant de beaux souvenirs!

Et puis *Avec un peu d'sauce* que Suzanne Lapointe a bien voulu chanter pour moi lors d'une émission de télévision que Radio-Canada m'avait consacrée, il y a quelques années:

> «C'est en mangeant du poulet
> Avec un peu d'sauce
> Que j'ai connu des secrets
>
> Mets du sel, mets du sel
> Mets du poivre et puis du sel
> Avec un peu d'sauce.»

Parlant de Suzanne Lapointe, il faut qu'elle sache toute la joie qu'elle m'a faite en m'apportant un jour à l'émission Michel Jasmin, un joli panier rempli de provisions: rôti de porc frais à l'ail, confitures et toutes sortes de bonnes choses qu'elle avait cuisinées elle-même. Je ne sais pas où elle trouve le temps de penser à tout ça et surtout de le faire, mais je puis vous dire que sa réputation de cordon bleu n'est pas surfaite. Elle ne peut malheureusement pas me retourner le compliment! Une fille toujours de bonne humeur et qui sait mettre de l'entrain partout où elle passe.

Permettrez-vous à la vieille routière que je suis de vous donner mon opinion sur une industrie dont on entend dire depuis quelques années qu'elle est dans le «*maraschme*»? Il y aurait, à mon avis, une façon bien simple de remédier à cette situation: être à l'écoute du public!

Autrefois, je l'ai déjà dit, le recrutement des artistes se faisait en fonction du succès qu'ils obtenaient DÉJÀ auprès du public. Dès avant d'enregistrer un disque, l'artiste disposait d'une clientèle toute prête à l'encourager et à assurer ainsi le succès des disques mis sur le marché. Aujourd'hui, certains producteurs se font fort d'imposer au public des artistes qui, s'ils sont pleins de bonne volonté, n'ont malheureusement pas tout ce qu'il faut pour faire une carrière. Résultat: des milliers de disques qui ont coûté une fortune à produire dorment sur les tablettes des entrepôts. Ce n'est pas parce qu'on a réussi à plaire à un producteur qu'on plaira nécessairement au public. Mais si on plaît au public sans plaire au producteur, il ne faut pas trop s'en faire et toujours se souvenir que les producteurs passent mais que le public, lui, demeure. J'ai préféré mettre mes œufs dans ce panier-là, et d'après ce que je lis et que j'entends raconter, j'en conclus que j'ai bien fait. Moi qui ai presque l'âge de cette industrie, je puis vous assurer que je suis en bien meilleure santé.

J'ai eu le plaisir de refaire un disque en 1980. Il faut que je vous raconte.

Pierre Nadeau, devenu maintenant mon éditeur préféré, était directeur de la maison de disques Trans-

Canada quand il me téléphona pour m'offrir de reprendre le chemin d'un studio d'enregistrement. Il voulait que j'enregistre une adaptation d'un succès américain de George Burns qui me convenait parfaitement: *Je n'aurai plus jamais vingt ans*[1]. Il avait d'abord demandé à Germaine Dugas de faire l'adaptation, mais elle avait refusé. C'est mon ami Joël Denis qui devait la faire. De plus, j'ai tellement apprécié la gentillesse et le talent de Jacques Laflèche. Pierre Nadeau, qui sait toujours bien faire les choses, m'avait organisé un lancement du tonnerre au club V.S. où j'ai pu me rendre compte encore une fois qu'on ne m'avait pas oubliée. Je tiens à remercier publiquement Pierre Nadeau de l'intérêt qu'il me porte et l'assurer que j'ai envers lui toute la reconnaissance qu'il mérite.

---

1. *Je n'aurai plus jamais vingt ans,* Trans-Canada.

LE NATIONAL

C'est en 1935 que j'ai signé mon premier contrat avec la maison France-Film. La compagnie — dirigée par J.-A. Desève — était alors propriétaire de plusieurs salles de spectacles à Montréal et à Québec. À Trois-Rivières également.

Raymond Pizzini, le gérant de la compagnie, décida de m'essayer d'abord à Québec, au théâtre Canadien, sur la rue Saint-Jean. Cette salle ne fonctionnait plus très bien. C'était un casse-gueule et je le savais. J'hésitais à m'y exiler une saison. Je rechignai un peu et me débattis tant et si bien que nous en arrivâmes à une entente. Je signais un contrat de dix semaines, et si l'expérience ne s'avérait pas concluante, je rentrais à Montréal. J'y suis restée cinquante-deux semaines. Après un départ assez lent, le Canadien avait repris du poil de la bête et le succès que le spectacle provoqua fit croire que la salle était sauvée. Hélas, ce ne fut pas le cas. La troupe de Joseph et Manda, qui prit la relève, ne connut qu'un succès mitigé et le Canadien alla en périclitant jusqu'au jour où un incendie le détruisit complètement.

En 1936, France-Film s'était portée acquéreur du théâtre National et m'offrit d'en prendre la direction. J'étais un peu mieux préparée cette fois, après mes huit années comme directrice du Cartier. Je ne savais pas cependant que ce théâtre allait devenir un second chez-moi et que j'allais y passer 17 ans de ma vie. C'est une aventure fantastique que celle du National et il faudrait un livre complet pour raconter les expériences uniques que nous avons vécues, ma troupe et moi.

J'avais, à l'origine, signé un contrat de dix semaines qui me garantissait un pourcentage des recettes. Après avoir payé les comédiens, les musiciens et l'équipe technique, je terminai la première semaine avec un salaire net de trois dollars. Vous me direz que l'argent avait une valeur différente à ce moment-là et j'en conviendrai, mais trois dollars, c'était quand même très peu. Je sentais que ça démarrait bien. Le public venait de plus en plus nombreux et j'ai réalisé que toutes ces années passées à travailler avec différentes troupes m'avaient appris beaucoup sur la manière de monter une revue qui soit efficace. Je savais ce que le public voulait, et je le lui offrais.

Certaines personnes ont décrié le genre de spectacles présentés au National. Ces spectacles n'étaient que l'aboutissement d'une longue tradition qui avait fait ses preuves avec le public et qui ne visaient qu'un but: LE RIRE. Le but de LA POUNE a toujours été de faire rire les gens, de les divertir, et toutes les revues qu'elle a montées comme tous les spectacles qu'elle a présentés au cabaret plus tard avaient toujours le même dénominateur commun: LE RIRE!

Il est beaucoup plus difficile de faire rire les gens que de les faire pleurer. Le rire est une arme fabuleuse qui terrasse tous les petits déboires de la vie quotidienne. Il vient parfois même à bout des gros.

Quand je suis sur scène et que le rideau se lève, je suis vraiment plus POUNE que jamais. J'essaie de trouver ce lien invisible qui existe toujours entre la salle et la scène. Je suis un émetteur et le public est le récepteur. Il s'agit d'établir la communication pour que nous soyons, le public et moi, au même diapason. Si ça ne marche pas, je rectifie mon tir. Je ne crois pas que cinq cents personnes puissent se tromper en même temps.

L'expérience que j'ai acquise fait que je «ressens» le public au premier quart de tour et que je peux m'adapter facilement à n'importe quelle situation. J'adore le public et je dois dire qu'il me le rend bien. Il fait maintenant partie de ma vie. C'est un peu ma famille quoi! Quelle famille! Et comme je la respecte!

Mais nous aurons l'occasion d'en reparler et je ne voudrais pas perdre le fil du souvenir, revenons-en donc au National.

Au bout de dix semaines, le contrat venait à expiration et j'avais bien l'intention de le renouveler. Le public affluait et nous connaissions déjà un beau succès. Qui dit plus d'entrées dit recettes accrues et je me disais que j'allais enfin récolter une partie du fruit des efforts que j'avais déployés.

J'allai donc rencontrer ce cher Pizzini aux bureaux de France-Film — sur la rue Craig à ce moment-là — afin de renégocier un nouveau contrat.

Oh! pour me garder, il voulait me garder, mais non plus à pourcentage cette fois! Il m'offrait un cachet fixe qui, bien que raisonnable, n'avait aucune commune mesure avec les revenus que nous anticipions pour la nouvelle saison. J'aurais préféré garder la formule du contrat à pourcentage maintenant que le théâtre marchait à fond. C'était à prendre où à laisser. J'ai pris! J'avais mis trop d'efforts pour en arriver là, je n'allais pas laisser tomber maintenant. France-film se montra quand même fair-play et augmenta mon cachet régulièrement. Dans les bureaux de France-Film, on parlait désormais de «La Poune aux œufs d'or».

Le programme du National était composé de la façon suivante. Pour vingt cents, un spectateur avait droit à deux grands films français (France-Film oblige!), les actualités et le dessin animé. Puis venait le spectacle sur scène: LA POUNE ET SA TROUPE.

La troupe était composée d'une quinzaine de comédiens, plus cinq musiciens, plus les artistes invités. Vous nommer tous les artistes qui sont passés sur la scène du National est impossible. Je me souviens cependant de ma première équipe. Certains avaient été repêchés du Cartier alors que d'autres joignaient la troupe pour la première fois. Il y avait, bien sûr, Juliette Pétrie qui, en plus de danser, de chanter et de jouer, avait un talent de couturière qui lui permettait de créer des costumes éblouissants. Le public l'adorait. Paul Desmarteaux, que son épouse Aline Duval accompagnait toujours au théâtre et qui, finalement, devint membre à part entière de la troupe. Paul Hébert, Marie-Jeanne Bélanger, Hector Pellerin (un as dans l'écriture des ouvertures musicales), Guy Robert, Paul Foucreault, Simone de Varennes, Raoul Léry (attitré aux drames), Raynaldo, un jeune danseur qui allait faire sa marque dans le monde de la danse et que j'avais découvert à Québec, Paul Thériault, Éva Prégent, Charles Lorrain et Georges Leduc qui commença comme placier avant de devenir chanteur.

Un soir, lors d'une fête à laquelle assistait Raoul Léry, Georges Leduc chanta quelques chansons et obtint beaucoup de succès. Léry m'en parla le lendemain et, après l'avoir entendu, je décidai de le lancer dans une ouverture musicale.

Les carrières commencent souvent par hasard. Et se poursuivent aussi de la même façon. C'est pourquoi j'ai toujours craint les projets à long terme. C'est un métier où il faut rester disponible. «*To be at the right place at the right time*» comme disent les Américains, qui, avouons-le, s'y connaissent un peu en matière de show-business.

Mais je m'égare. Le National a vu la confirmation d'une multitude de talents en même temps qu'il devenait une rampe de lancement recherchée par tous les jeunes artistes. Comme Alys Robi.

J'avais connu Alys Robi à Québec, sa ville natale, alors qu'elle paraissait au même programme que moi à l'Arlequin. Un jour, alors que nous étions à mettre au point un numéro d'ouverture avec le pianiste Gene Nolin, la petite Alys — elle avait à peine treize ans — s'amène au National. Elle arrivait de Québec par le train avec, pour tout bagage, une boîte de carton dans laquelle elle avait mis l'essentiel: ses feuilles de musique et ...sa jaquette. Elle avait quinze sous en poche et son immense talent pour conquérir Montréal. Elle faisait preuve d'une détermination étonnante pour un enfant de son âge. Il est vrai qu'elle possédait déjà un certain métier puisqu'elle avait commencé à six ans à prendre part à des concours d'amateurs. Le National fut la première marche de l'escalier qui allait la conduire vers les plus hauts sommets. Mais permettez-moi de vous citer les quelques lignes qu'elle a bien voulu me consacrer dans son autobiographie[1]:

> «Arrivée à Montréal, je m'installai donc rue Berri, chez Madame Ouellette. Sa secrétaire, Gertrude Bellerive, me prépara un lit dans le salon. Ce n'était pas très grand mais je me sentais comme un poisson dans l'eau. Je restai là un an, heureuse et comblée. Il est vrai que tout allait à merveille, Madame Ouellette aplanissait les difficultés.

> «Grâce à sa grande bonté et à sa compréhension, je m'adaptai très vite à mon nouveau genre de vie, très différent de celui que j'avais à Québec, au sein de ma famille.

> «Intégrée à la troupe, suivie et conseillée par des professionnels, protégée par Rose Ouellette, je n'oubliais pas — et on me le rappelait à l'occasion — que j'étais encore une adolescente.

---

1. ROBI, Alys, *Ma carrière et ma vie,* Éditions Quebecor, 1980.

«Je m'initiais chaque jour au métier, j'apprenais un tas de petits trucs, mais j'étais consciente qu'une carrière se prépare de longue main....»

Puis Alys partit de la maison et quitta le National pour voler de ses propres ailes. Elle devint en quelques années à peine le première vraie star internationale que le Québec ait connue. Je suis fière d'avoir peut-être été pour quelque chose dans sa réussite.

Faire partie de la troupe du National n'était pas de tout repos. Diriger le National non plus. Mais je pouvais heureusement compter sur une collaboratrice plus qu'efficace, Gertrude Bellerive, ma dévouée secrétaire. Je me déchargeais beaucoup des tâches administratives en les lui confiant. Je l'avais connue quelques années auparavant et cette rencontre allait s'avérer des plus fructueuses. Quand elle nous a quittés, il y a quelques années, j'ai eu beaucoup de mal à me réajuster. Elle m'avait gâtée! Pendant plus de quarante ans. J'en garde un souvenir impérissable.

Au National, nous jouions sept jours par semaine, deux fois par jour et quarante-deux semaines par année. Faites le compte! En plus de jouer, j'étais responsable de tout le spectacle, qu'il fallait changer chaque semaine.

D'abord l'ouverture musicale, avec tous les membres de la troupe. Puis venait un petit drame — en fait le plus souvent un mélodrame — qui précédait une série de petits sketches d'une dizaine de minutes chacun. Suivaient les «attractions»; acrobates, danseurs, chanteurs, magiciens ou hypnotiseurs. Enfin, le clou du spectacle, ce qu'on appelait la grande comédie.

Ces comédies se jouaient *ad lib* et il fallait avoir le sens de la repartie. Je trouvais un sujet, souvent inspiré de l'actualité, pour lequel j'esquissais un canevas. Les répétitions ne traînaient pas et se faisaient en général après la dernière représentation, vers minuit, et le samedi, avant la matinée de quatorze heures. Chacun y mettait du sien et je dois dire que j'ai presque toujours eu une excellente collaboration de tous les membres de la troupe.

La grande comédie se jouait après l'entracte, durant lequel avaient lieu les tirages et la vente des «chansonniers». On avait en effet coutume de vendre un programme dans lequel on trouvait également les paroles, et quelquefois la musique des chansons au programme. Au début du siècle, les artistes vendaient eux-mêmes les chansonniers en se promenant dans la salle. À l'époque du National, cependant, un personnel attitré se chargeait de la vente des programmes.

Nous montions des revues pour souligner particulièrement chaque événement spécial: La Revue de Pâques, de Noël, du vendredi saint, de l'armistice, de la Saint-Jean. Je me rappelle qu'une de ces revues remporta un succès bœuf: la «Revue de la Victoire», qui soulignait la fin de la Seconde Guerre mondiale et pour laquelle nous avions fait construire un immense V lumineux qui occupait tout le fond de la scène. C'était l'euphorie et tout le monde semblait croire qu'il n'y aurait plus jamais de guerre. Tout le monde peut se tromper!

Parlant de guerre, je voudrais dire que la légende qui veut que le public soit plus friand de divertissements en période de conflit ne m'apparaît pas justifiée. Les gens ont toujours besoin de rire et ne boudent jamais un bon spectacle. Les crises économiques, en revanche, peuvent avoir un impact important. Les directeurs de salles au début des années quatre-vingt, comme ceux du début des années trente, peuvent en témoigner.

En 1953, après avoir dirigé les destinées du théâtre National pendant dix-sept saisons consécutives, j'ai décidé que c'en était assez. J'avais le goût de faire autre chose. Je dois dire que l'arrivée de la télévision, l'année précédente, nous avait donné un dur coup. Les cachets étaient alléchants et aucun théâtre ne pouvait se permettre d'offrir autant. Et puis, les comédiens devenaient de moins en moins disponibles et de plus en plus exigeants.

J'avais vu juste et le National, après plusieurs tentatives infructueuses, ferma définitivement ses portes. Cette formule avait fait son temps et laissait tranquillement la place à un nouveau genre de salles: les cabarets — les clubs comme on les appelait familièrement — venaient d'emprunter la voie du succès et allaient récupérer la plupart des artistes que la fermeture de théâtres avait laissés sur le carreau.

LES «CLUBS»

Les offres qui me sont faites de retourner travailler au cabaret sont encore nombreuses. Enfin, aussi nombreuses qu'il reste de cabarets devrais-je dire, parce qu'il en reste de moins en moins. Ceux qui sont encore debout m'ont offert des ponts d'or pour que je m'y produise. Mais il n'en est plus question, c'est une page que j'ai définitivement tournée. Pourtant, je dois l'avouer, j'ai adoré travailler dans les cabarets et la présence réconfortante du public m'a soutenue dans les moments les plus difficiles de ma vie.

Beaucoup d'artistes ont «bavé» sur le cabaret et ont tenu des propos disgracieux sur ce public qu'ils auraient été bien incapables de conquérir. Je ne dis pas que le cabaret soit un endroit de tout repos, mais la récompense du succès qu'on y remporte vaut bien les petits inconvénients qu'on y rencontre. Bien sûr, j'ai eu comme tout le monde à remettre certains fêtards à leur place, mais je l'ai toujours fait poliment et dans la bonne humeur. Si on respecte le public, il vous respecte aussi. Je le dis parce que je le sais!

Mais commençons par le début.

J'ai fait mes premières apparitions au cabaret en 1953. Enfin, mes vrais débuts, parce qu'en toute vérité je dois vous avouer que j'avais déjà fait du cabaret une fois auparavant.

C'était à l'époque du National et le contrat qui me liait alors à France-Film m'interdisait de me produire ailleurs sur toute l'île de Montréal. Si je traversais un pont, c'était O.K. Sur l'île, pas question!

Or un jour, après beaucoup d'insistance, le propriétaire du Mocambo réussit à me convaincre de présenter mon spectacle un dimanche, matinée et soirée. Comme nous faisions relâche au National pour la saison d'été, je me dis que ça n'était pas très grave et je me pointe audit Mocambo, où l'on m'avait assurée qu'il n'y aurait pas de publicité tapageuse, because France-Film. Sur la façade, une affiche où mon nom était écrit en lettres deux fois hautes comme moi. Vous me direz que je ne suis pas très grande, c'était vraiment visible, même pour un myope. France-Film l'apprit entre la matinée et la soirée et je réservai mes énergies pour le National.

Quand je quittai finalement le National en 1953, je me promettais de prendre des vacances et j'avais préparé un voyage en France. Mon Premier! J'allais enfin voir Paris, le Moulin-Rouge, les Folies Bergère et tous ces endroits dont j'avais tellement entendu parler. Je me faisais une fête de découvrir ce Paris que je n'ai du reste toujours pas vu jusqu'à ce jour.

L'imprésario Fred Norman m'offrit un contrat qui ne se refuse pas. Il s'agissait de présenter un spectacle avec Juliette Pétrie au Café de l'est, un des cabarets les plus importants de l'époque et où s'étaient produits les plus grands artistes internationaux, de Charles Trenet à Édith Piaf.

Nous sommes restés à l'affiche huit semaines, battant tous les records d'assistance... et j'avais déjà retrouvé mon public. Frenchie Jarraud m'offrit un contrat pour Québec.

Avant d'être l'homme de radio que nous connaissons, Lucien Jarraud, arrivé au Canada comme acrobate dans la revue que Mistinguett avait présentée au Montmartre, avait tâté du métier d'imprésario. Un débrouillard ce Frenchie, et sympathique en plus! Donc, je me retrouve «Chez Émile», un cabaret populaire de Québec. Le cabaret prenait rapidement la relève des théâtres qui pour la plupart avaient été transformés en cinéma.

C'est justement alors que je me produisais «Chez Émile» qu'un soir on vint me prévenir que deux messieurs désiraient me parler. J'aperçois alors deux colosses que je pris d'abord pour des détectives. C'étaient tout simplement des Chevaliers de Colomb qui venaient me demander de présenter mon spectacle à l'occasion d'une grande fête qu'ils organisaient.

— Une fête? Où ça? Pour qui? Pourquoi?

— Une grande fête pour les Chevaliers de Colomb. Nous y serons avec nos épouses et nous sommes certains que votre spectacle serait apprécié.

— Écoutez, je vais être franche avec vous, mon spectacle est peut-être un peu «épicé» pour la circonstance...

— Mais non, mais non, Madame Ouellette. Si on vous demande, c'est parce que c'est vous qu'on veut. On a vu votre spectacle et il nous plaît tel quel. Surtout ne changez rien!

Émile, ce cher Émile, me conseille d'accepter. «Je les connais, Rose, allez-y les yeux fermés, vous allez faire un gros succès.»

Je donne finalement mon accord et nous convenons du prochain jour de relâche au cabaret pour que j'aille présenter mon spectacle. Le soir venu, arrivée à la porte de la salle, je suis prise d'une frayeur incontrôlable et je refuse de monter en jurant à mon partenaire que nous courions vers le bide total. «Le plus gros bide de ma carrière», que je lui disais. J'allais repartir lorsque l'organisateur, qui nous attendait désespérément, descendit pour voir si sa sœur Anne ne voyait rien venir. Je fus bien obligée d'y aller... et de connaître un succès dont je me souviens comme ayant été un des plus intenses de ma carrière.

Je crois que cette crainte était quand même justifiée. Même aujourd'hui, après toutes ces années de métier, le doute s'empare de moi et mille questions m'assaillent lorsqu'on me propose d'essayer quelque chose que je ne connais pas. Mais pendant que Rose Ouellette réfléchit, La Poune, que rien n'attire autant qu'une nouvelle aventure, a déjà dit oui. Je sais ce que cette remarque peut avoir d'incongru dans la bouche d'une femme de mon âge, et pourtant, c'est la stricte vérité. Je pense que l'expérience, le fait d'avoir «du métier» comme on dit, n'est pas une garantie transférable d'une discipline à l'autre. Non vraiment, ce métier est un éternel recommencement. Et c'est bien pour ça qu'il me plaît: pas de routine!

J'ai besoin d'être secouée et rassurée en même temps. Pas un après l'autre, en même temps! Le peu de confiance que j'ai en moi fond comme neige au soleil au fur et à mesure que le défi approche. Je crois bien que je n'ai jamais eu confiance en moi. Je sais bien que La Poune peut donner l'impression du contraire — on me l'a assez dit — mais La Poune et moi, ça fait parfois deux. Les gens qui me connaissent bien disent volontiers que je suis différente de mon personnage. C'est sûrement vrai.... d'une façon, mais je suis quand même les deux. Et vous imaginez, si je me prenais pour une autre en plus, nous serions trop nombreuses: pensez-y, trois bouches à nourrir, et moi qui ne cuisine jamais!

Chaque nouvelle proposition qu'on me fait me surprend d'abord et m'angoisse tout de suite après. Quand, par exemple, on m'a téléphoné pour me demander de coanimer l'émission Michel Jasmin, ma première réaction a été de refuser. Mais Michel a su trouver les mots pour me rassurer. Me permettrez-vous d'ouvrir une parenthèse pour vous dire tout le bien que je pense de cet animateur hors pair?

Le public connaît le professionnel qui obtient un succès bien mérité. Son émission quotidienne se maintient depuis déjà longtemps dans le peloton de tête et ce n'est que justice. Le talent dont il dispose pour communiquer avec le public est évident. Mais en plus du talent, Michel est un travailleur et un perfectionniste exigeant. Rien n'est trop beau pour son public et aucun effort ne doit être ménagé pour lui donner ce à quoi il a droit: le maximum. J'ai eu le plaisir de connaître un peu mieux l'homme qui se cache derrière le personnage: un être humain d'une très grande sensibilité et d'une délicatesse exquise. Le courage et la détermination dont il a fait preuve face aux coups durs que la vie lui a réservés valent d'être cités en exemple. Je lui souhaite le meilleur de ce que la vie peut lui offrir et je garde précieusement la rose qu'il m'a offerte après notre semaine de travail. Je prie Dieu de lui redonner complètement l'usage de ses jambes et de lui conserver toute sa protection. J'en profite pour le remercier de sa compréhension et l'assurer de toute mon affection! Fermons la parenthèse.

Pendant plus de vingt ans, j'ai présenté mon spectacle dans des centaines de cabarets. Je choisis de ne garder que les meilleurs souvenirs de ce milieu unique et qui m'a apporté tant de satisfactions. J'ai eu des patrons — mes bourgeois comme je les appelais — au-dessus de tout soupçon. J'ai toujours été bien reçue, bien traitée et payée rubis sur l'ongle. Il faut dire que Madame Daniel, qui fut mon imprésario pendant toutes ces années, ne m'envoyait pas n'importe où. Je lui en sais gré et je tiens à la remercier publiquement de sa précieuse collaboration. Jeannette Daniel (femme d'Yvan, «le prince de la chanson», disparu tragiquement dans un accident d'automobile) est une femme d'une rare compétence et qui sait ce qu'elle veut. Je veux qu'elle sache que «sa» Poune ne l'a pas oubliée et qu'elle lui sera toujours reconnaissante d'avoir aplani toutes les difficultés au fur et à mesure qu'elles se présentaient.

Je garde la nostalgie de cette grande famille de la nuit, des *barmaids*, des *waiters*, des *bus-boys*, des vendeurs-de-bébelles-dans-les-toilettes, des gardiens de nuit, des restaurateurs qui nous accueillaient après le spectacle, une grande famille complice et solidaire.

Et les musiciens de cabarets, tous ces braves musiciens qui m'ont facilité la tâche en donnant le meilleur d'eux-mêmes pour m'aider à faire un bon spectacle. Comment ne pas remercier les éclairagistes qui ont presque toujours réussi à suivre mes innombrables «steppettes». Merci à vous tous, artisans anonymes mais tellement essentiels au bon fonctionnement du *night life*.

Et, bien sûr, le public de cabaret, le plus disponible qui soit! Généreux dans ses applaudissements et dans ses cadeaux qui, s'ils ne m'étaient pas toujours utiles, me prouvaient bien son affection. J'ai bien dû recevoir des dizaines et des dizaines d'oursons en peluche, de chiens de toutes les tailles et de toutes les couleurs et des bébelles de toutes sortes dont j'avais bien du mal à me défaire.

J'ai fait mes adieux au cabaret à Trois-Rivières. Je n'avais prévenu personne, pas même mon partenaire du moment, Louis Armel. La décision avait été difficile à prendre et je ne me sentais pas le courage d'en discuter. Je savais que Madame Daniel avait encore des propositions de contrats pour une année complète, mais je ne me sentais plus la force de me déplacer semaine après semaine, de vivre la nuit et de faire face à des horaires difficiles à respecter pour une femme de mon âge.

Le public ne savait rien non plus de la décision que j'avais prise. Pourtant, on aurait dit qu'il pressentait quelque chose. Il y avait de l'électricité dans l'air et quand, à la fin du spectacle, un spectateur s'est levé et m'a crié: «Laisse-nous pas, La Poune», j'ai fondu en larmes.

Je savais bien au fond de moi que j'allais retrouver mon public tôt ou tard dans un cadre différent, mais je ne savais ni où, ni quand. Le rendez-vous allait être pris peu de temps après au Théâtre des Variétés. Gilles Latulippe m'avait offert de participer à un grand gala qu'il voulait présenter dans son théâtre. Je vous reparlerai de ce théâtre et de son vaillant propriétaire.

Le cabaret commençait à péricliter. La façon de procéder avait changé et cela allait avoir des répercussions graves sur la santé financière de ces établissements. Des imprésarios sans scrupules ont tué le cabaret en exigeant pour leurs «poulains» des cachets disproportionnés avec leur capacité réelle d'attirer la clientèle. Et comme le dit la chanson: «Quand vient l'temps d'passer à la caisse, c'est là qu'tu vois c'que tu vaux»[1].

Combien de jeunes artistes de talent ont été pressés comme des citrons par une machine qui savait leur fabriquer des *hits* artificiels, empocher l'argent et les laisser tomber encore jeunes, mais désenchantés et complètement brûlés? J'ai vu passer des générations de jeunes artistes qui touchaient plusieurs fois mon salaire pour travailler au cabaret. Une fois, deux fois, et finie la belle grande carrière. Un patron n'engage jamais deux fois un artiste qui n'attire pas. Quand je parle de ces cachets astronomiques, croyez bien que je le fais sans aucune espèce d'amertume. Comment pourrais-je en avoir, moi qui n'ai jamais manqué de travail en soixante-dix ans de carrière! «*Slow but sure!*»

Andy Cobetto, qui pendant de nombreuses années a dirigé les destinées du Casa Loma, a clairement dit que, selon lui, ce sont avant tout des imprésarios ambitieux et incompétents qui ont tué le cabaret. Quant aux artistes, ils ont le plus souvent été victimes de ces gens sans scrupules quand ce n'était pas de leur propre ambition de devenir «vedette».

Aujourd'hui, un artiste enregistre un disque, participe à quelques émissions de télévision, se fait photogra-

---

1. (COUSINEAU-PLAMONDON) *On fait tous du show-business*, Capac.

phier dans une couple d'endroits à la mode, se fait reconnaître quelques fois sur la rue, et on lui fait croire qu'il est une «vedette». Quand il commence à y croire, son tour est généralement passé. Et au suivant!

Je n'ai jamais très bien compris cette envie folle d'être une vedette. Peut-être parce que j'ai trop l'instinct de conservation.

Je le dis souvent aux jeunes: «Essayez d'abord d'être un artiste et contentez-vous d'exercer votre métier consciencieusement. Le vedettariat, c'est plus dangereux que satisfaisant et, de toute façon, ce n'est pas vous qui en déciderez, c'est le public.»

Un jour que je me produisais au Café du Nord j'entends le maître de cérémonie annoncer: «Et maintenant, mesdames et messieurs, voici notre grande vedette, La Poune!» Après le spectacle, je le fais venir dans ma loge et je lui explique que je ne veux plus qu'il me présente comme vedette. Tu diras: «Voici votre Poune nationale.»

— Bien, Madame La Poune!

Au spectacle suivant, le M.C. fait comme convenu et tout se passe le mieux du monde... jusqu'au lendemain. J'arrive au cabaret et je trouve mon petit maître de cérémonies en pleurs.

— Madame La Poune, le patron veut me renvoyer parce que je ne dis plus le mot «vedette» en vous présentant. Il dit qu'il ne présente que des vedettes dans son établissement.

— T'en fais pas, mon ti-chien, je vais lui parler et tout va s'arranger. Tu restes, ne t'inquiète plus et va travailler.

La Poune que le brave propriétaire vit arriver dans son bureau était un peu agressive:

— Tu veux mettre X à la porte?

— C'est moé l'boss, pi y va faire comme j'y dis d'faire!

Le souvenir de «Cré Basile». Lui, y connaissait ça!

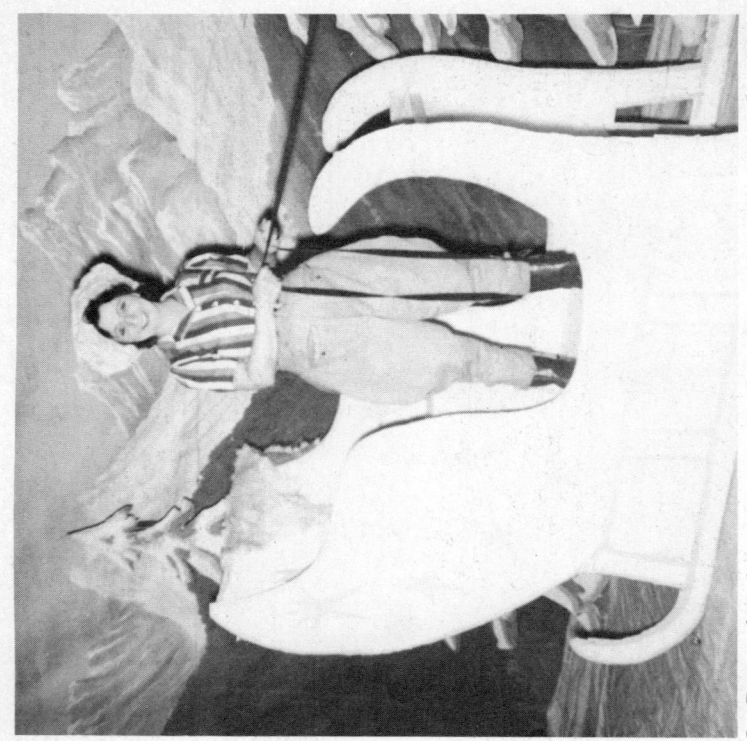

La Poune dans les montagnes Rocheuses... sur la scène du National.

La geisha et le matelot...

Avec mon amie Rina Ketty au Radio-Cité. Avez-vous remarqué ma dent en or?

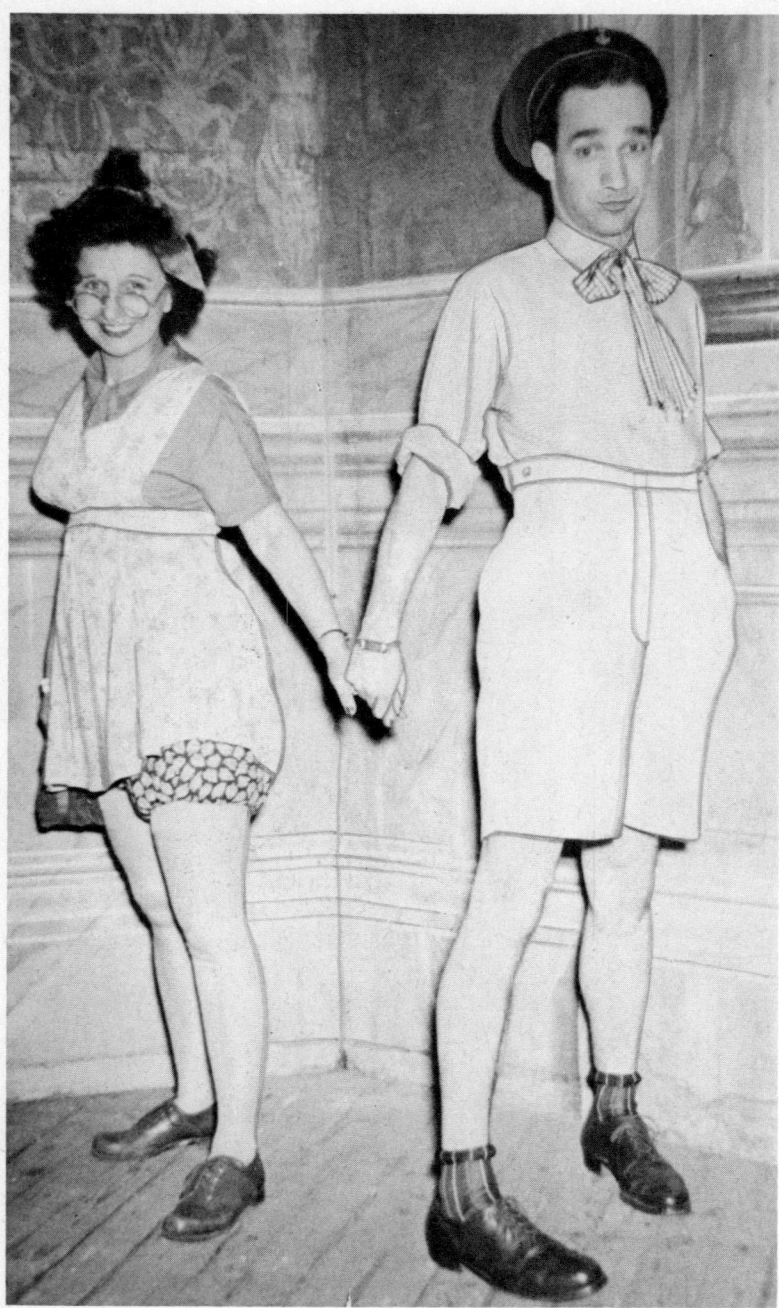

Le chic de La Poune et la moue de Raynaldo.

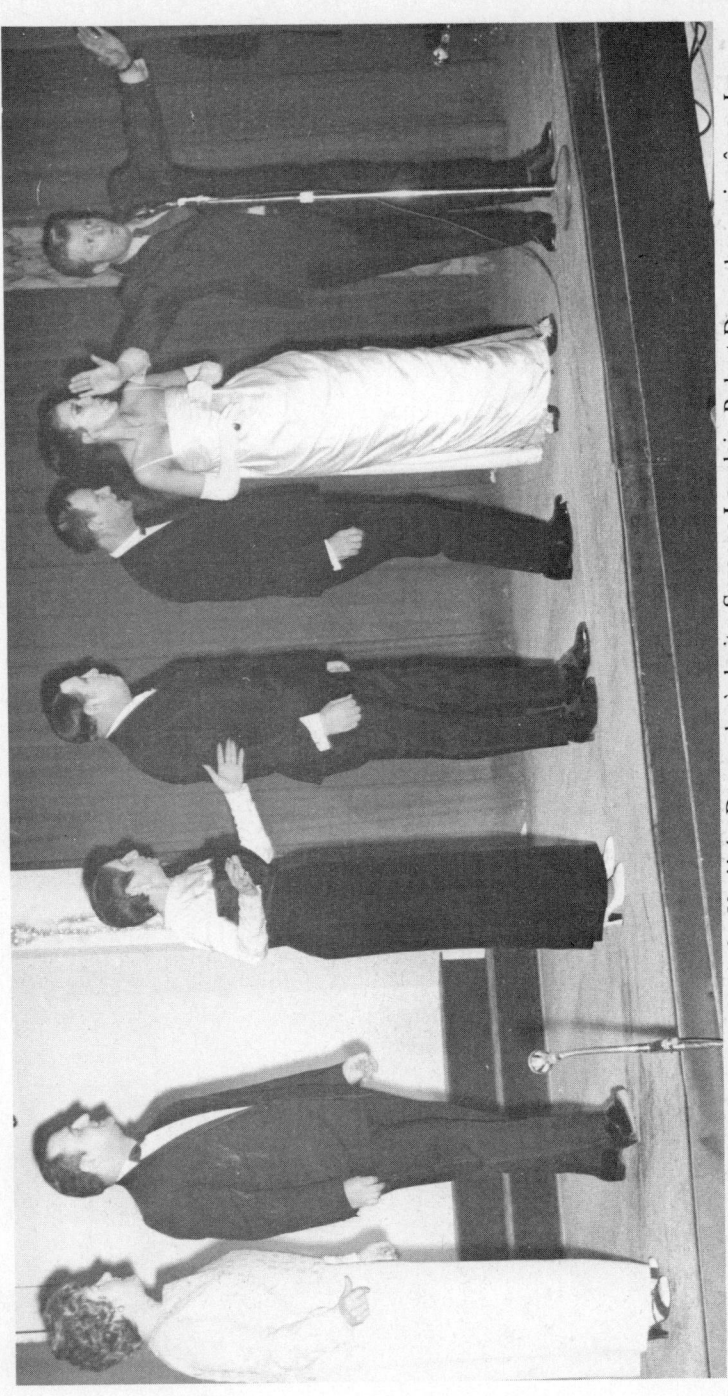

Gala «burlesque» sur la scène du théâtre des Variétés. De gauche à droite: Suzanne Langlois, Robert Desroches, soi-même, Jean Grimaldi, Paul Thériault, Francine «vadrouilleuse» Grimaldi et Pierre Leroux. Une soirée mémorable!

Sur la scène du National: ma fille Denyse Dequoy, Colette Ferrier, Aline Duval, La Poune, Raynaldo, Georges Leduc, Charles Lorrain (le notaire Malo) et Paul Desmarteaux.

Toujours au National: Léona Morin (de la célèbre famille musicienne), Paul Desmarteaux, Aline Duval, ma fille Denyse Dequoy et, au micro, Jen Roger et Colette Ferrier.

Avec mon amie Léo Marjane... et ma célèbre dent en or.

Des fleurs et des amies, une Poune comblée: à ma gauche, Juliette Beausoleil et, à ma droite, Jean Desprez et Juliette Pétrie.

On fêtait souvent au National. De gauche à droite: Lucienne Narbonne, Paul Desmarteaux, Raynaldo, La Poune, Pat Gagnon, Juliette Pétrie, Lucille Serval et René Duval.

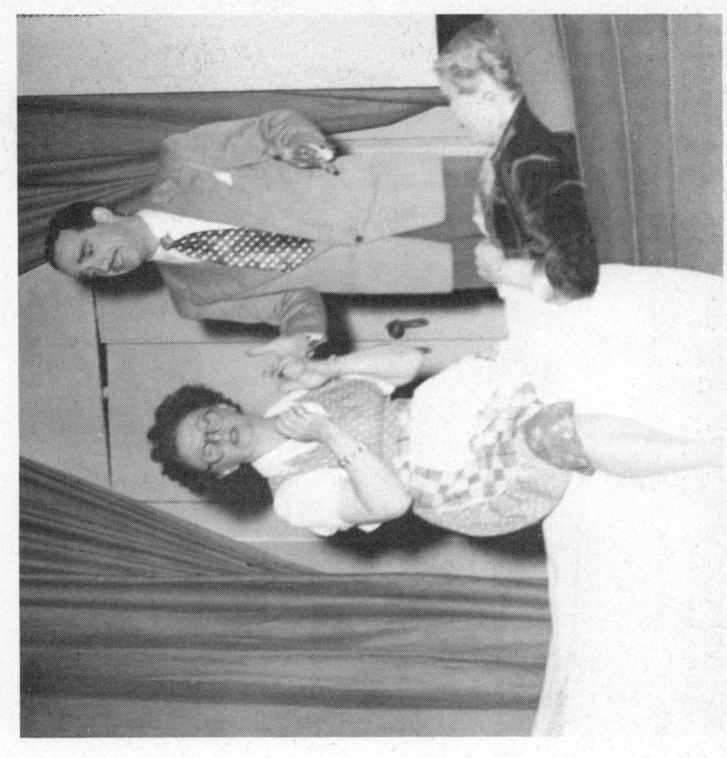

Un gros succès: «Faut d'l'argent pour l'enterrer!» La Poune (assise); Juliette Pétrie (couchée) et Raynaldo (debout).

Ma fille Denyse, comédienne et chanteuse.

Entourée de mes «boys»: Raynaldo, Paul Thériault, Léo Rivest, Guy Descourcy et Armand Noël.

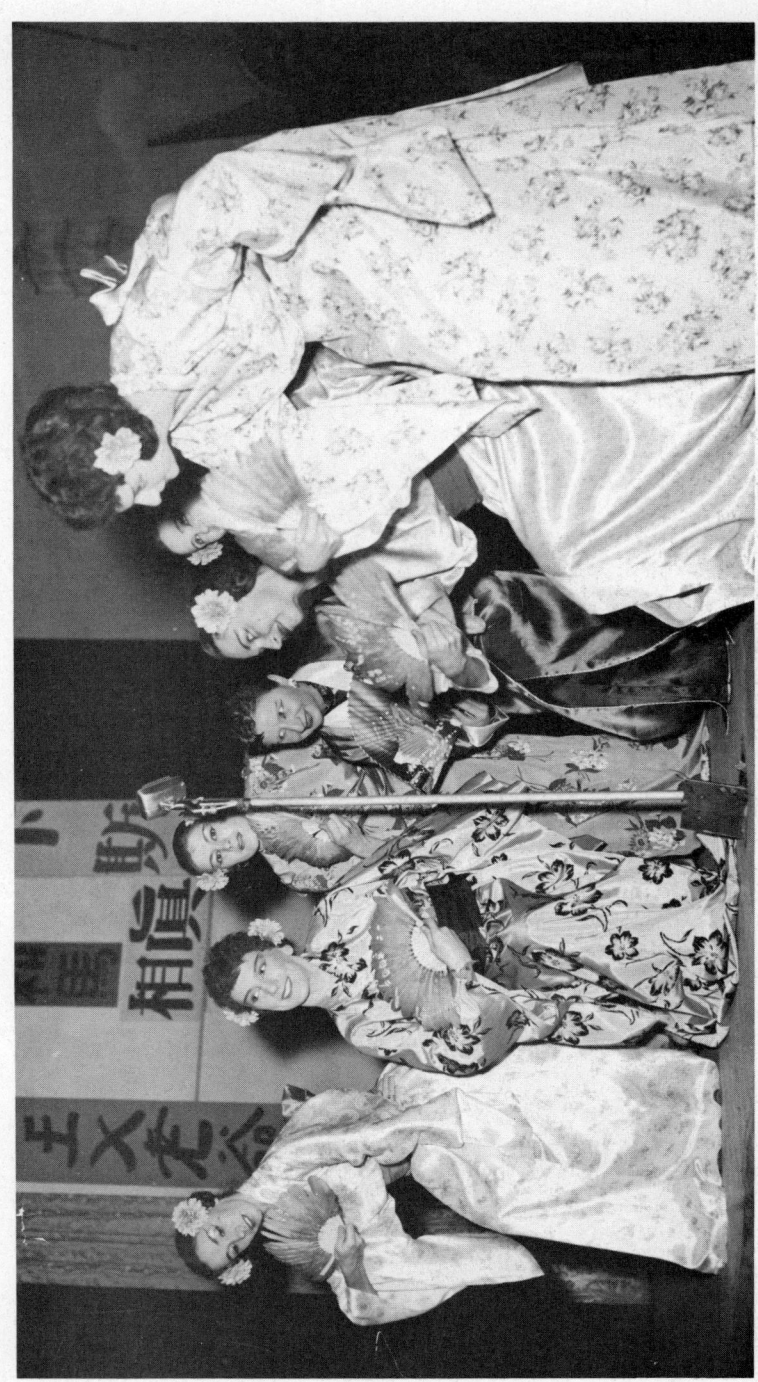

Une geisha parmi tant d'autres. Sur la scène du Radio-Cité dans « I love China ».

Après le spectacle. De gauche à droite: ma secrétaire Gertrude Bellerive, Paul Colbert, Denyse Saint-Pierre, Rose Ouellette, Antoinette et Germaine Giroux. Des amis.

La Poune, directrice du National.

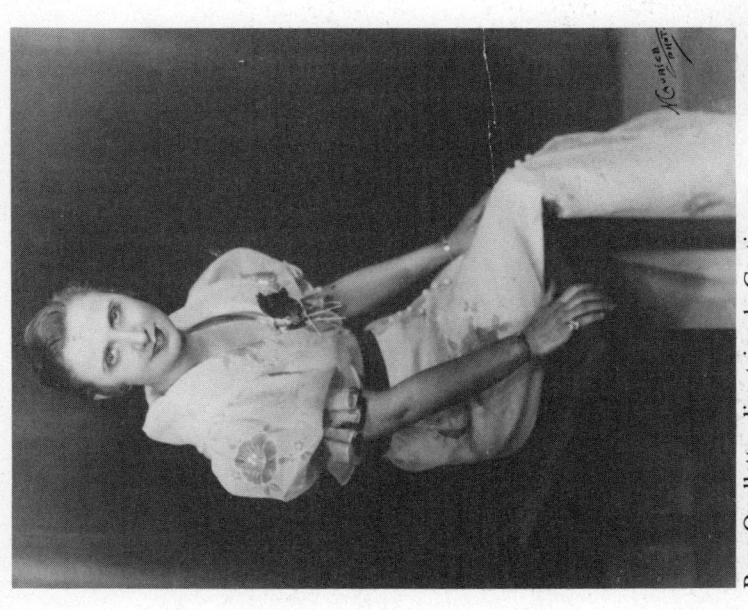

Rose Ouellette, directrice du Cartier.

La Poune pour les grandes occasions.

— Pi c'est moé La Poune qui te dis que tu vas le garder ou que tu vas nous perdre tous les deux.

— Vous ne pouvez pas me faire ça. Vous avez un contrat et vous devez le respecter!

— Ton contrat, tu peux te le mettre où je pense, je suis prête à payer la rupture de contrat s'il le faut.

Devant ma détermination, le brave homme, qui avait justement les recettes de la veille sur son bureau, décida de marcher sur son orgueil et de nous garder. Je n'en avais jamais douté!

Le vedettariat n'a jamais eu aucun attrait pour moi. Ce n'est pas de la fausse humilité. Le vedettariat est un cadeau empoisonné. Ne le répétez pas, mais il donne parfois la «grosse tête». Si je n'ai jamais eu la grosse tête, je dois dire, par contre, que j'en ai beaucoup vues. J'ai vu des têtes enfler, puis crever comme les ballons qu'elles étaient. C'est une maladie souvent mortelle quand on ne la soigne pas immédiatement et j'ai vu peu de carrières s'en remettre.

Combien de jeunes croient être arrivés alors que le signal de leur départ n'a même pas été donné?

MES SECONDS DÉBUTS AU THÉÂTRE

Jouer au théâtre! C'est un rêve que j'avais toujours caressé, une de ces envies que j'ai traînées des années au fond de moi sans jamais en parler vraiment. J'en avais pour ainsi dire fait mon deuil quand, un beau jour, Réjean Lefrançois me fit l'offre que je n'attendais plus. Il me proposait de faire partie de la distribution de la pièce qu'il voulait présenter à son théâtre d'été de l'île Charron. Voici comment cela s'est présenté.

Je connaissais Réjean Lefrançois depuis la série télévisée *Rue des pignons* dans laquelle nous avions joué tous les deux. Un jour, je réponds au téléphone et, incrédule, j'entends Réjean me proposer un rôle dans Bœing Bœing.

— Vous êtes certain de ne pas vous tromper, Réjean?

— Mais non, mais non, Madame Ouellette, je suis certain que vous pouvez le faire. Et puis, le rôle est pour vous.

J'ai accepté de le rencontrer mais j'étais dans mes petits souliers. Bien sûr, j'avais toujours eu envie de faire du théâtre, mais n'était-il pas trop tard? N'étais-je pas tellement habituée de jouer *ad lib* que le carcan d'un texte écrit risquerait de me faire perdre une partie de mes moyens? Et surtout, la grande question: Mon public allait-il suivre?

Réjean a su trouver les mots pour me rassurer et trouver des arguments pour me convaincre. La Poune a toujours aimé les défis, ils la stimulent, et celui-ci en était un de taille. La Poune était aussi excitée que Rose Ouellette avait peur.

Quelques semaines plus tard, un article de la *Presse Canadienne* portant la signature de Pierre Roberge, m'a complètement rassurée. Il titrait: «Initiée aux pièces écrites, Rose Ouellette fait découvrir le théâtre à son public.»

Le public — qui demeure le premier et le dernier juge — m'avait déjà prouvé sa fidélité et je sentais soir après soir qu'il m'avait suivie dans ma démarche. Il faut que je vous parle de mon compagnon de route depuis près de soixante-dix ans: LE PUBLIC.

Sans lui, peu importe qui nous sommes, nous n'existerions même pas! J'ai toujours essayé de toutes mes forces de lui plaire. On m'a souvent critiquée de le faire et on m'a souvent reproché la formule que j'exploitais. Que voulez-vous, c'est une formule qui a fait ses preuves — c'est le moins qu'on puisse dire — et qui me convenait parfaitement. Je n'ai jamais eu la prétention de «montrer» quoi que ce soit au public et mon seul but, avoué, était de le «divertir». Ses réactions m'ont prouvé que nous étions sur la même longueur d'ondes. La relation d'amour étroite que La Poune a vécue avec son public est la plus savoureuse gâterie que la vie m'ait faite! Le respect mutuel dont nous avons fait preuve et la fidélité que nous nous sommes témoignée depuis des décennies compensent amplement les observations acerbes de certains pisse-vinaigre.

J'ai BESOIN du public. Il fait partie de ma vie depuis trop longtemps pour que je songe à pouvoir m'en passer. Mon public, voyez-vous, c'est un peu ma famille, mon cercle d'amis anonymes si vous préférez. Anonymes, c'est vite dit! Je me souviens qu'au National il m'arrivait d'interrompre un spectacle pour remercier une spectatrice que j'avais reconnue:

— Merci, Mme Desroches, j'ai ben aimé vot' sucre à la crème.

Plusieurs femmes — qui constituaient en fait la majorité du public au National — nous apportaient toutes sortes de gâteries: sucre à la crème, gâteaux, chocolats ou confiseries. Le contact était vraiment très direct et notre relation était tout ce qu'il y a de plus complice.

Un jour, lors de ma première saison au théâtre d'été de l'île Charron, je me promenais de long en large avec un air qui finit par inquiéter mes camarades. Francine Morand, qui faisait partie de la distribution vint me trouver et me demanda ce qui n'allait pas.

— Je vous observe depuis un moment, Madame Ouellette, et je trouve que vous n'avez pas l'air dans votre assiette. Quelque chose ne va pas à votre goût?

— Ce n'est pas grave, ma belle Francine, juste un peu de tristesse. Tu vois, on entre au théâtre par la porte de côté, on joue, puis le rideau tombe et on repart par la porte de côté. Je ne vois plus mon public et ça me manque terriblement.

Réjean Lefrançois, mis au courant, décida de remédier à la situation et me suggéra, si j'en avais envie, de me joindre au public sur la terrasse. Ce qui fut dit fut fait et tout rentra dans l'ordre. J'ai besoin d'être directement branchée sur le public et je pense que tous les intermédiaires diminuent la qualité de la communication.

On l'oublie trop souvent, le public et le temps sont les deux grands juges d'une carrière artistique. Je le répète sans cesse aux jeunes artistes qui m'honorent de leur confiance et qui viennent me demander des conseils: «Fiez-vous au public! Si vous avez vraiment du talent et le respect de votre métier, continuez à travailler de toutes vos forces et tôt ou tard vous aurez ce que vous méritez. Point n'est besoin de «graisser» qui que ce soit pour faire ce métier, ni de faire quelque concession que ce soit à qui que ce soit. Ces méthodes (ceux qui les ont utilisées l'ont appris à leurs dépens) ne peuvent pas s'appliquer indéfiniment et les carrières construites sur du vent ne résistent pas au temps.»

Il est vrai qu'avec la télévision, où le public ne peut pas réagir sur le coup, certaines carrières artificielles se poursuivent plus longtemps qu'elles ne le devraient, mais jamais très très longtemps. On n'impose pas impunément des gens que le public n'apprécie pas. Avant d'être devenu un cliché, c'est d'abord une vérité dont tout le monde aurait intérêt à se souvenir.

Quand les salles de spectacles se vident peu à peu ou que les cotes d'écoute ne sont pas satisfaisantes, c'est fou ce que les producteurs et les réalisateurs recouvrent la mémoire et se souviennent des noms des artistes qui ont fait leurs preuves avec le public.

Je n'ai jamais fait la cour à qui que ce soit pour obtenir du travail et je n'ai jamais organisé de cocktail flamboyant pour attirer l'attention des producteurs. Vous me direz que c'est facile à dire au point où j'en suis rendue, mais je vous répondrai que j'ai adopté cette politique dès le début de ma carrière. Je serais même retournée travailler dans cette manufacture de chaussures qui me faisait horreur plutôt que d'avoir à «quêter» du travail.

Si je ne me suis jamais préoccupée du mur que certains «beaux esprits» ont élevé entre les artistes dits de «vaudeville» et les comédiens dits de «théâââtrrre», il n'en demeure pas moins que j'étais parfaitement consciente des railleries dont j'étais l'objet. Ceci dit, j'ai toujours pensé dans ma logique de Poune que ceux qui avaient élevé ce mur auraient bien un jour à percer des brèches s'ils voulaient voir «du monde». Parce que de mon côté du mur, ça marche pas mal merci! Sans subventions, sans grosse machine, sans «relations». Me reprocherez-vous d'en être fière?

Si je n'ai pas d'aigreur et que je suis demeurée relativement sereine, je le dois avant tout à la fidélité du public, à ses applaudissements nourris et à la confiance qu'il m'a témoignée au cours de toutes ces années. Le snobisme d'un certain milieu m'importe peu. Quand on choisit de faire le métier que j'exerce, on ne doit pas travailler pour une «chapelle» mais pour le public. C'est à la fois plus difficile et plus valorisant.

Ma troupe et moi avons attiré plus de trois millions de spectateurs au théâtre National seulement. Ça fait une grosse «chapelle» non? Et il ne se passait pas un soir sans que le personnel du théâtre ne vienne nous signaler la présence dans la salle de juges, d'avocats, de médecins et de professionnels de tout acabit, venus assister au spectacle de La Poune «en cachette». Vous avez quand même bien ri, non? Eh bien, tant mieux, vous m'en voyez ravie. Nous n'avions pas d'autres buts.

LA TÉLÉVISION

Si je puis en parler de façon sereine aujourd'hui, la télévision m'ayant depuis apporté une douce revanche, je dois reconnaître qu'elle ne m'a pas toujours gâtée.

Il existait — et il existe encore malheureusement aujourd'hui — un fossé artificiel entre les artistes dits de burlesque et ceux de formation académique. Il aura fallu la grève des réalisateurs de Radio-Canada, à la fin des années cinquante, pour que ceux-ci découvrent Olivier Guimond, Ti-Zoune jr, à l'occasion d'un spectacle bénévole organisé en leur faveur à la Comédie-Canadienne. Jusque-là, sans l'avoir jamais vu sur scène, on l'avait catalogué dans la catégorie des personnages trop «vulgaires» pour être présentés au petit écran. Ils ne l'acceptèrent jamais tout à fait et le forcèrent même à laisser tomber son surnom de Ti-Zoune jr avant de lui confier une série d'émissions qui ne remporta pas le succès escompté. On avait tellement voulu le «raffiner» et le «transformer» qu'il n'était plus tout à fait lui-même. Quant à LA POUNE, c'était absolument hors de question!

Dieu merci, je ne manquais pas de travail et me préoccupais assez peu de ce qu'on pouvait penser de moi boulevard Dorchester[1]. Le plus difficile était de répondre aux gens qui se demandaient pourquoi on ne me voyait pas au petit écran.

C'est avec la naissance de Télé-Métropole, la station de télévision privée fondée par J.-A. De Sève, mon ancien patron de France-Film, que j'allais, enfin, faire mes grands débuts devant les caméras de télévision.

Je connaissais déjà les caméras de cinéma pour avoir tourné mon premier film sous la direction de René Delacroix. J'y tenais le rôle d'une commère et l'expérience, sans m'avoir emballée, m'avait plu. Le film *Coeur de maman*, d'après un scénario du regretté Henry Deyglun, avait connu un succès retentissant. J'ai eu la chance d'y côtoyer les plus grands acteurs de l'époque. Qu'il me suffise de rappeler les noms de quelques membres de cette distribution éclatante: Madame Jeanne Demons dans le rôle-titre, entourée de Paul Desmarteaux, Paul Guèvremont et Henri Norbert. Plusieurs comédiens célèbres devaient y faire leurs débuts: Pierre Thériault, Denyse Saint-Pierre, Jean-Paul Dugas et Françoise Faucher pour ne nommer que ceux-là. C'est peut-être à cause de cette expérience que certaines personnes ont pensé que si je passais au grand écran, je passerais probablement aussi au petit.

J'avais été invitée à l'émission *Au p'tit café* mais le minutage n'avait pas permis la diffusion de mon numéro et j'avais dû me contenter de saluer à la fin de l'émission.

Mes vrais débuts à la télé, je les fis à Télé-Métropole, quand le réalisateur Pierre Sainte-Marie m'invita pour jouer un petit sketch comique avec Pierre Thériault dans la série Télé-Surprise, conçue et écrite par mon ami Phil Laframboise.

---

1. Radio-Canada avait alors pignon sur rue Dorchester ouest avant qu'on l'oblige, oh déchéance! à déménager dans mon «Faubourg à m'lasse».

La Poune pouvait donc être «montrée» à la télévision. Ce fut un choc pour eux! Pas pour moi, je connaissais bien le public et j'avais confiance en lui. On me vit alors dans presque toutes les émissions: *Dix sur Dix, Réal Giguère illimité, Bonne soirée, Madame est servie, Claude Blanchard, Vaudeville,* ça n'en finissait plus. Puis, l'autre canal réagit et ce furent *Appelez-moi Lise* et *Moi et l'autre*. Enfin, ce fut un rôle épisodique dans *Rue des pignons*. Il faut que je vous raconte.

Si la Poune se permet d'être parfois un peu effrontée, Rose Ouellette, elle, est d'une timidité maladive. Et c'est Rose Ouellette elle-même qui se rendit à ce premier rendez-vous pour répétition de *Rue des Pignons*. Arrivée devant l'édifice, je me mis à m'inquiéter et à me demander dans quoi je m'étais embarquée. Ce qu'on me demandait était bien différent de ce que j'avais fait jusqu'à maintenant. Entre l'*ad lib* de la scène et les textes mémorisés de la télévision, il y avait un monde. Et je refaisais le tour du bloc pour la cinquième fois quand je croisai Henri Bergeron.

— Bonjour madame Ouellette, comment allez-vous?

— Mal, que je lui réponds, j'ai rendez-vous pour une répétition et je suis trop gênée pour entrer.

— Madame Ouellette, allons, une comédienne comme vous ne devrait avoir peur de rien. Suivez-moi.

Et c'est au bras d'Henri Bergeron que je pénétrai dans le studio. Là, j'eus droit à tous les égards. Le comportement de la comédienne Denise Proulx, tellement amical, me rassura immédiatement. Merci, Henri Bergeron, d'avoir été aussi chaleureux. Merci à vous, Denise Proulx, de m'avoir si bien accueillie. Je n'ai pas oublié.

J'ai participé depuis à beaucoup d'émissions de télévision et je m'y sens de plus en plus à l'aise. Je me suis faite à l'idée que la réaction du public n'était pas immédiate. Jusque-là, j'avais toujours tâté le pouls du public sur-le-champ et je réajustais mon tir selon leurs réactions. À la télé, c'est différent.

C'est en 1982 que j'ai obtenu ma première série télévisée. Je tiens le rôle de la mère de Marcel-Marie Moineau (Fernand Gignac) dans le téléroman à succès *Les Moineau et les Pinson*. Laissez-moi vous raconter comment j'ai connu l'auteur, Georges Dor.

J'avais été convoquée par le réalisateur pour une répétition à Télé-Métropole. Une amie me reconduit jusqu'à la porte de l'immeuble et, rendues là, je lui demande de m'accompagner. Nous cherchons les affiches pour savoir si nous pouvons garer la voiture à cet endroit mais nous ne voyons rien. Ou plutôt si, un homme qui se dirige vers nous. Impatiente, je l'interpelle:

— Hé, monsieur, avons-nous le droit de stationner ici?

— Mais oui, Madame Ouellette, et je vous attends pour rentrer.

C'était Georges Dor, que je n'avais pas reconnu. Il ne me tint pas rigueur de la façon cavalière avec laquelle je l'avais abordé et nous sommes devenus les meilleurs amis du monde. C'est un auteur habile qui sait dépeindre des situations dans lesquelles les gens se retrouvent.

Georges Dor connaît le même succès dans sa carrière d'auteur dramatique que celui qu'il avait connu en écrivant des chansons. Qui ne se souvient pas de la «Manic» et de sa très belle chanson sur les vieux: «Pépère Moïse, mémère Agnès»?

C'est la première fois qu'un auteur écrit vraiment pour moi. J'espère que *Les Moineau et les Pinson* seront encore longtemps à l'affiche. Pour ma part, je ne me fatiguerai jamais d'être perchée sur une branche de l'arbre de Georges Dor.

Ma participation à cette série m'a permis de découvrir ou de mieux connaître des comédiens avec qui le travail n'est plus du travail. Une équipe exceptionnelle dirigée par Claude Colbert, qui fut également mon metteur en scène au théâtre. Un réalisateur d'une grande gentillesse et d'une patience angélique.

Une expérience dont je garde le meilleur souvenir est ma participation à l'émission de fin d'année à la télévision de Radio-Canada: *Le Bye Bye*. Les auteurs, Claude Meunier et Louis Saïa, m'avaient écrit des petits rôles amusants, comme celui où je personnifiais E.T. atterrissant à Sainte-Marie-des-Anges, au milieu des personnages de *Terre Humaine*. Ou encore l'hilarante parodie du succès *Pied de Poule* de Marc Drouin, qui, pour les besoins de la cause était devenu «Pied de Poune». France Castel, qui faisait partie de la distribution, a eu la patience de m'initier au *new-wave*. Et il lui en a fallu de la patience! Merci, France.

Bien que ma carrière à la télévision soit relativement récente, j'ai déjà pas mal de souvenirs en banque. Comme cette émission de Winston MacQuade dans laquelle je jouais la bonne (encore une fois!) et où je recevais les invités qu'il allait interviewer. Je l'appelais «Western» et ça faisait beaucoup rire Winston. Je crois bien ne pas avoir été la seule à écorcher son nom.

Une autre émission qui m'a beaucoup amusée: *Les Brillant* dans laquelle j'ai retrouvé mon ami Latulippe-le-fou (j'espère qu'il ne me poursuivra pas en libelle diffamatoire) et Béatrice Picard-la-pro. Quand on a du plaisir à faire une émission, il est normal que le public ait du plaisir à la regarder.

Je ne voudrais pas oublier de mentionner une entrevue que j'avais accordée à Jannette Bertrand dans le cadre de son émission *Jannette veut savoir* à Télé-Métropole. Jannette Bertrand, qui anime, joue, écrit des téléromans et des pièces de théâtre, est en plus une intervieweuse rare! Elle m'a donné la chance de me confier pendant une heure. J'ai eu l'impression d'être mieux comprise après avoir fait cette émission. Ça tombait bien, ce qu'elle avait envie de savoir était exactement ce que j'avais envie de dire. Madame Bertrand, mes hommages!

Mais il y a une émission de télévision dont je me souviendrai toujours: *Les Coqueluches* du 28 mars 1980 à Radio-Canada.

Le réalisateur, Lucien Létourneau, voulait me rendre hommage et avait composé une émission qui m'a beaucoup touchée. Imaginez un peu: le complexe Desjardins rempli à craquer d'un public chaleureux et toute une brochette d'invités de marque venus me rendre hommage: Suzanne Lapointe, Manda Parent, Suzanne Langlois, Paul Thériault, Léo Rivest, Gilles Latulippe, Paolo Noël, Robert Desroches, Lise Payette, Phil Laframboise, Ti-Gus et Ti-Mousse, Dominique Michel, Louis Armel, Pauline Julien en plus des télégrammes de Clairette, Ginette Reno, Pierre E. Trudeau et René Lévesque.

L'affection qu'on m'a témoignée ce jour-là me réchauffe encore le cœur aujourd'hui. Je veux dire à tous ces gens le bien qu'ils m'ont fait et en profiter pour remercier de tout mon cœur Lucien Létourneau, le réalisateur, pour tout le mal qu'il s'est donné.

Je peux le dire, maintenant que la télévision m'a gâtée, elle m'a un peu frustrée au début. La Poune n'était pas télégénique, disait-on. Trop vulgaire, répondait l'écho. Ce n'est pas que je manquais de travail, loin de là, mais la télévision m'était interdite... ou presque.

Aujourd'hui, je passe pas mal de temps dans les studios de télévision et ma satisfaction tient au fait que je n'ai absolument pas changé. Je suis, vous l'aurez remarqué, assez peu portée vers la concession.

La télévision m'a permis de découvrir un univers différent de celui dans lequel j'avais évolué jusque-là. Bien que très différent du milieu du théâtre et du cabaret, c'est un milieu que j'ai appris à apprivoiser et à apprécier.

Je regarde assez peu la télé, mes horaires ne me le permettant pas beaucoup. Sans compter que, parfois, je trouve la programmation un peu triste. Si je n'aime pas une émission, je ne la regarde pas. Cela m'évite d'avoir à passer des commentaires désagréables. J'ai des opinions, comme tout le monde, mais je ne porte pas de jugements. Je crois avoir été plus souvent jugée que j'ai jugé les autres. Plus indulgente aussi.

LES JOURNALISTES

S'il est vrai que j'ai été boudée longtemps par la presse, comme ce fut le cas pour la radio et la télévision, je dois dire que cette époque est bien révolue et il ne se passe pas une semaine sans qu'un journaliste m'appelle pour une entrevue.

Si La Poune accepte de rencontrer les journalistes et de se confier, il en va autrement pour Rose Ouellette. J'ai toujours tenu à garder ma vie privée pour moi et pour les gens que j'aime. C'est une question d'hygiène et il faut savoir faire la différence entre le public et le privé. Je ne comprends pas certains artistes que j'entends se plaindre de l'indiscrétion des journalistes alors qu'ils ne passent pas une semaine sans se faire photographier jusque dans leur salle de bains! Ils ne viendront pas me raconter qu'on les force à agir ainsi. Et je ne peux blâmer les journalistes de rapporter ce qu'ils voient et ce qu'ils entendent, c'est leur métier de le faire.

On peut également demander à des journalistes de ne pas publier une confidence qui nous aurait échappé, c'est un risque à prendre mais, en général, ils ont une éthique professionnelle étonnante. Ceux qui n'en ont pas ne font long feu, mais il est trop tard.

Je considère les journalistes comme un lien important entre l'artiste et le public. Si certains journaux «bien» m'ont ignorée longtemps, je peux me flatter d'avoir fait parler de moi dans *Time Magazine*. Ceci compense pour cela.

Il y a une catégorie de journalistes dont certains mettent l'utilité en doute: les critiques. Ils sont des anges quand ils encensent et des imbéciles quand ils n'ont pas aimé. Ils ne sont en fait ni l'un ni l'autre et font en général leur métier du mieux qu'ils peuvent. Comme dans toutes les professions, il y a des journalistes plus ou moins compétents et plus ou moins honnêtes. Le temps se charge de faire la part des choses.

Les critiques sont-ils importants? Cela dépend. Si un spectacle affiche complet avant la première, une bonne ou une mauvaise critique ne changera rien. En revanche, ils ont un rôle essentiel lorsqu'ils attirent l'attention du public sur un nouveau spectacle ou qu'ils soulignent l'arrivée d'un nouvel artiste sur scène. À force de voir autant de spectacles au cours d'une année, les critiques deviennent des spécialistes dont il faut savoir respecter l'opinion. Quitte à aller vérifier soi-même s'ils ont eu tort ou raison.

Le critique suprême, influencé ou non, reste encore le public. C'est le public et lui seul qui a le pouvoir de faire ou de défaire un artiste. Au-delà des intermédiaires, il est le grand patron de tous les artistes quels qu'ils soient.

Si j'ai appris à prendre les critiques, bonnes ou mauvaises, avec un grain de sel, vous comprendrez que j'ai éprouvé une fierté bien légitime en lisant la critique parue dans *Le Devoir* du 28 juillet 1982 sous la signature de Robert Lévesque. Permettez-moi d'en citer un extrait:

«... S'il faut aller au théâtre de l'île Charron, c'est bien sûr pour voir à l'œuvre cette pionnière du burlesque montréalais qui, à près de 80 ans, possède encore très solidement le métier de la scène. Mme Rose Ouellette, la bonne Anna, est étonnante, je dirais émouvante. Elle ne rate aucune entrée et aucune sortie. Et constamment, entre les rires qu'elle provoque souvent et franchement, vous remarquerez ce sourire qui persiste sur les visages des spectateurs lorsqu'elle est en scène, même au second plan. De plus, Mme Ouellette (La Poune pour plusieurs générations) sait très bien faire son lot d'un texte écrit, même si sa vie durant elle a été une championne du *ad lib*.

Tous les comédiens comme Gisèle Trépanier et Claudie Verdant sont stimulés par la présence de Mme Ouellette et donnent le meilleur d'eux-mêmes en sa présence...»

LES VOYAGES

Je ne peux pas dire que je raffole des voyages. C'est justement à cause des déplacements perpétuels que j'ai souvent refusé de faire de la tournée.

Je fais bien un petit voyage en Floride de temps en temps. En fait presque à chaque hiver, mais c'est un peu beaucoup pour le soleil. Je ne me baigne pas beaucoup dans l'océan, j'ai toujours peur des «jelly-fish». Et je sais de quoi je parle. J'adore, par contre, flâner au soleil. J'ai la chance d'avoir une peau à toute épreuve et une pigmentation qui réagit bien au soleil.

Je n'ai toujours pas vu Paris, mais je ne désespère pas d'y aller un jour. J'irai la voir un jour, cette ville dont j'ai tellement entendu parler et où je compte quand même pas mal d'amis. J'irai l'hiver, j'aurais trop peur de voir «Paris au mois d'août» comme le chante Aznavour. Je veux des gens. De l'action. Quand je sors, je sors!

Il y a quelques années, je me suis jointe à un groupe de joyeux lurons qui partaient pour la Grèce et Israël.

Permettez que je vous les nomme: Gilles Latulippe, Jeannette Daniel, Reine France et Suzanne Langlois. Que des gens sérieux, quoi!

Nous avons d'abord visité la Grèce. Beau pays. Belles ruines. Mais ça marche plutôt mal et je suis tombée. Pour la première fois. On m'emmène chez le médecin du bateau qui ne trouve rien de très grave. Deuxième jour, La Poune tombe pour la deuxième fois. Et comme le diction le dit: jamais deux sans trois. La Poune tombe pour la troisième fois. Le médecin, quand il m'a vue, n'en revenait pas:

— *You again? I dont' believe it!*

— *Yes*, monsieur le docteur, *me again*! Avez-vous quelque chose contre ça?

Durant le jour, nous visitions et je voulais prendre des photos:

— Gilles, j'ai pu d'film!

— Arrêtez tout! La Poune veut «poser»!

En Grèce, vous auriez dû nous voir danser le sirtaki, Suzanne Langlois et moi. Les Grecs, qui sont pourtant habitués aux touristes, n'en revenaient pas! Ils n'en revenaient tellement pas qu'ils nous ont foutues à la porte!

Puis nous sommes partis en Israël le jour de la fête juive. C'était la corrida aux guichets et le combat se déroulait à coup de valises et de bagages divers. Ça n'en finissait plus, fouille ici, fouille là, et détecteur par-ci et détecteur par-là. J'ai réussi à déclencher l'alarme deux fois avec mon briquet!

C'est aussi là que vous avez failli perdre votre Poune. À force d'attendre, mon café du matin était arrivé à destination. Je vois une porte indiquant les toilettes, mais je vois aussi un câble en interdisant l'accès. Je ne fais ni un ni deux et je me faufile en dessous, il n'était plus question d'attendre. Un soldat part à ma poursuite mais je réussis à m'enfermer avant. Il a frappé à ma porte tout le temps que j'y suis restée. C'est agréable! Et pour finir le plat, quand je suis sortie, il m'a raccompagnée la mitraillette dans le dos! Ça détend! Ça agrémente des vacances!

Comme pour compléter le tout, je m'étais brisé un bras et ce bon Latulippe devait couper mes aliments à chaque repas. Alors, les voyages et moi...

«*E.T. phone home*!»

Je tiens malgré tout à voir Paris... si le temps me le permet.

L'idéal reste pour moi la Floride où je dispose d'un appartement de rêve qui donne sur la mer. J'y retrouve beaucoup de Québécois qui me font la fête et ça me ravit.

— Pouvons-nous prendre une photo, mémère Moineau?

— Bien sûr, mes enfants, je vous appartiens.

Un journaliste, qui n'avait rien compris, a osé écrire que je ne voulais plus aller en Floride parce qu'il y avait trop de Québécois et que ça me dérangeait! C'est plutôt le contraire et je serai inquiète, mais alors très inquiète, le jour où mon cher public ne me parlera plus.

Il y a quelques années, après avoir fait mes adieux au cabaret et avant que Réjean Lefrançois me fasse l'offre que vous savez, je me sentais toute désemparée à l'idée que je ne verrais plus mon public. J'avais prié de toutes mes forces en disant: «Mon Dieu, si je ne devais plus les revoir, je préfère que tu viennes me chercher tout de suite.» Je ne peux pas vivre sans mon public.

MES AMIS LES COMIQUES

Gilles Latulippe

Un jour, Gilles m'a téléphoné pour me demander de participer à un grand gala qu'il organisait à son Théâtre des Variétés. Vous pensez bien que j'ai dit oui! Quand je me suis retrouvée dans ce théâtre où j'avais travaillé des années alors qu'il s'appelait théâtre Dominion et que Najeeb Lawand en était le propriétaire, je me suis sentie prête à défaillir. Je me souviens de l'émotion qui m'étreignait alors que j'attendais en coulisses mon tour d'entrer en scène.

Quand je suis entrée en scène, l'ovation que le public m'a réservée m'a prouvé qu'il ne m'avait pas oubliée. Il n'y a pas de louanges ou de félicitations qui arrivent à la cheville des applaudissements spontanés d'un public qui vous aime. Merci, Gilles, de m'avoir donné l'occasion de vivre un pareil moment. Tu portes encore bien haut le flambeau du «burlesque» — on ne va pas se chicaner sur les mots — et j'espère que ton merveilleux public te sera toujours fidèle. Grâce à toi, cette forme de théâtre survit encore à Montréal et j'ai été ravie de participer à quelques-uns de tes spectacles.

Juliette Pétrie

Ai-je vraiment besoin de vous parler de cette artiste exceptionnellement douée? Nous nous connaissons depuis... plus longtemps que ça. J'ai eu le plaisir de travailler avec elle très souvent depuis le début de ma carrière et je puis vous assurer qu'elle mérite bien l'affection que le public lui a toujours manifestée. Juliette, pour son public, se voulait parfaite. Elle n'a jamais compté les heures ni les énergies qu'elle a investies dans ce métier. Nous formions, elle et moi, un *team* particulièrement efficace qui a beaucoup plu au public pendant plus de vingt-cinq ans. J'éprouve toujours beaucoup de plaisir à la revoir, à Miami ou à Montréal.

Je la revois encore complètement éberluée de me voir arriver un jour que nous partions en tournée toutes les deux. Comme les longues sessions chez le coiffeur m'ennuient, j'avais décidé de me faire donner une permanente «frisée» avant d'entreprendre la tournée. Je trouvais bien que j'étais un peu trop frisée, mais je me disais que tout rentrerait dans l'ordre. Il faut dire que j'ai toujours eu beaucoup de cheveux que je portais assez longs à l'époque. Mais plus j'essayais «d'arranger» ma coiffure, plus la permanente prenait de la vigueur, tant et si bien que je ne savais plus quoi faire pour remédier à la situation. Pour tout arranger, Juliette m'aperçois et s'écrie:

— Un zoulou, Rose, t'as l'air d'un zoulou!

Et franche avec ça!

Roméo Pérusse

Il est toujours là celui-là, je vous prie de me croire! Il n'a pas changé depuis toutes ces années que nous nous connaissons. Enfin, presque pas si ce n'est qu'il a quelques poils en moins sur le crâne. Ça lui donne un genre tout à fait particulier, ne trouvez-vous pas? Il n'y en a pas deux comme lui et c'est tant mieux! Un c'est assez!

Manda

Depuis combien d'années nous connaissons-nous? Je ne saurais vous le dire. Manda — Jeannette Perreault de son vrai nom — est devenue une amie depuis la première fois où nous nous sommes rencontrées à l'époque où elle faisait partie de la troupe de Arthur Pétrie.

Nous sommes toujours en contact et je suis toujours ravie d'avoir de ses nouvelles. Tout le monde n'a pas la même chance avec sa santé et Manda a fait preuve de beaucoup de courage, au cours des dernières années, où la sienne a mis un frein — temporaire je le souhaite — à sa longue carrière.

Claude Blanchard

Il vit toujours et j'ai l'impression qu'il va vivre longtemps! Je l'ai connu au National, alors que lui et Marcel Miron formaient un couple de danseurs très appréciés du public. Mais la roue tourne et il est parti travailler avec son grand ami Jean Grimaldi. Je suis heureuse qu'il soit devenu le comédien que vous connaissez et qui pourrait faire rire une table... si les tables pouvaient rire, bien sûr! Heureuse de le croiser sur mon chemin de temps en temps.

Guy Robert

Un fantaisiste hors pair qui savait faire «lever» la salle. Je le revois encore dans son numéro du chinois où il était irrésistible.

Bien qu'il ait quitté le monde du spectacle, il se permet de me téléphoner de temps en temps. J'espère qu'il conservera cette bonne habitude.

Léo Rivet

Je le connais depuis longtemps et nous avons souvent travaillé ensemble. Au National, il était un de mes plus beaux «boys». Je joue encore avec lui dans le téléroman de Georges Dor, *Les Moineau et les Pinson* où il tient le rôle du propriétaire de la flotte de taxis. Il est le patron de mon fils Marcel-Marie, alias Fernand Gignac. J'espère que la vie nous donnera encore souvent l'occasion de travailler ensemble, c'est toujours un plaisir.

Ti-Gus et Ti-Mousse

Vous connaissez tous ce duo qui a fait courir les foules durant trente ans. Ti-Gus, au moins aussi espiègle que son nom, c'était Réal Béland. Ti-Mousse — Denise Emond —, sa fidèle partenaire à la scène.

Denise Emond a débuté comme chanteuse en s'accompagnant à la guitare. Avant d'être la comédienne que l'on connaît maintenant, elle était la reine du «yodle».

Récemment, j'ai eu l'occasion d'aller les applaudir à la Place des Arts. J'avais passé une excellente soirée jusqu'au moment où leur gérant vint me proposer de «faire» la Place des Arts:

— Madame Ouellette, je suis certain que ça vous plaîrait. Vous joueriez à guichets fermés.

— Es-tu fou, mon Ti-chien? La Poune à la Place des Arts, tu n'y penses pas?

— Au contraire, je ne pense qu'à ça!

— Eh bien! penses-y et puis oublie, parce que ce n'est pas demain la veille!

Plusieurs personnes me suggèrent le *one-woman show* mais cette idée m'effraie. Il faudrait d'abord que quelqu'un m'écrive un spectacle et les scripteurs comiques sont rares. Rose a tout de suite dit non à cette idée, mais La Poune, qui met toujours son grain de sel dans ma vie, a eu l'audace d'ajouter: peut-être. Je l'aurais étranglée! Il y a des jours où j'ai envie de la prendre au mot, ne serait-ce que pour lui clouer le bec!

Doris Lussier

La Poune a toujours aimé le Père Gédéon. Et Rose adore Doris, grand humoriste et grand ami des femmes. Si les personnages pouvaient procréer d'autres personnages, je me demande de quoi aurait eu l'air la progéniture de Gédéon et de La Poune. Et puis non, je préfère ne pas y penser!

Jacques Normand

Il était venu travailler au National pendant deux semaines. Un soir, après le spectacle, il monte dans ma loge et m'invite à aller voir Mistinguett, la célèbre «Miss». Déjà âgée de quatre-vingts ans, la Miss était venue présenter son spectacle au Montmartre, un chic cabaret de la rue Saint-Laurent où se sont produits les plus grands noms de la chanson française, de Lucienne Boyer à Lucienne Delyle.

— Rose, on va voir la Miss! C'est un événement à ne pas manquer!

— O.K. Boss!

Paul Desmarteaux et sa femme, Aline, décident de se joindre à nous et nous voilà en route pour le Montmartre. La Miss, si elle ne descendait plus de grands escaliers, savait encore plaire et nous apporter un peu d'air de Paris. C'était une légende vivante la Miss!

Une fois le spectacle terminé, Normand, qui avait déjà rencontré la Miss à Paris décide d'aller la saluer dans sa loge. Il voulait que nous y allions aussi.

— Es-tu fou, Jacques? Vas-y tu la connais mais nous ne la connaissons pas et nous n'avons rien à faire dans sa loge. On t'attend ici!

— Viens-t'en, Rose, il faut que tu la connaisses!

Siégeant au fond de la loge, les deux célèbres jambes bien en évidence — elle avait raison de les montrer — elle reconnut tout de suite Normand:

— Bonjour mon petit Normand, comme c'est gentil à toi de venir me voir!

Puis apostrophant un jeune homme qui était dans la loge, elle haussa le ton:

— Alors, il vient ce café? Depuis la fin du spectacle que je demande un café et tu n'es pas foutu de me l'apporter. Mais enfin!

Le jeune homme en question s'appelait Jean Guida. J'allais le retrouver quelques années plus tard, devenu à son tour meneuse de revues: Guilda.

Après avoir causé un peu avec la Miss, Jacques décide de nous présenter:

— Miss, je voudrais vous présenter une grande comédienne!

— Comédienne? Approche, mon petit, viens que je t'embrasse. Nous faisons le même métier.

Elle me faisait la bise pendant qu'Aline Desmarteaux, à genoux, embrassait le bas de sa robe. Pour elle, la Miss était une déesse. Mais si mes yeux avaient été des fusils, la pauvre Aline serait morte sur le coup.

La Miss n'en fit pas de cas — elle était habituée à tous les hommages — et continua de me faire la conversation:

— Alors, mon petit, vous êtes comédienne! Dites-moi, qu'est-ce que vous jouez?

— Oh vous savez, madame, je ne suis qu'une petite comédienne qui gagne honnêtement sa vie...

Normand me coupe la parole:

— C'est une grande comédienne doublée d'une directrice de troupe. Son théâtre est le plus fréquenté de Montréal!

Dire ça à la Miss!

Nous avons réglé nos comptes en sortant. Desmarteaux en voulait à Aline et moi à Normand:

— La prochaine fois qu'on sort ensemble, mon Normand, je t'écarte avant d'arriver à destination.

Je n'ai plus à l'écarter, il ne m'invite jamais, le sans cœur! Jacques, je t'embrasse!

Robert Desroches

Un comédien avec qui j'ai toujours aimé travailler. Malheureusement, il a dû s'exiler pour gagner sa vie comme beaucoup d'autres. De nos jours, il y a plus de talents que de théâtre au Québec, et je tiens à le dire.

Jean Lapointe

Non mais quel talent! Il est un des rares qui me fassent rire autant! Je ne sais pas si c'est le fait d'exercer le même métier qui me rend plus difficile, mais j'avoue qu'il est assez malaisé de faire rire La Poune. Jean Lapointe, lui, réussit à me faire rire à tout coup en même temps qu'il me charme avec ses chansons. Il a le don d'écrire des chansons qui restent dans l'oreille dès la première audition.

Nos horaires respectifs ne nous permettent pas de nous voir aussi souvent que je le voudrais et je le regrette. Mon cher Jean, essaie donc de garder une petite place pour La Poune pendant tes prochaines vacances!

Guilda

Je l'ai connu, je vous l'ai dit, alors qu'il travaillait pour Mistinguett au Montmartre en 1950. Que dire d'«elle»? Qu'elle est une de nos plus belles actrices? Que beaucoup de femmes l'envient? Vous le savez déjà.

Il y a quelques années, Guilda m'offrit de jouer dans une revue au Théâtre des Variétés. Voici l'histoire en gros.

Le roi de France — c'était une revue d'époque — mon ami Pierre Jean, venait en visite ici et découvrait le faubourg Québec. Il me rencontrait et tombait amoureux fou de moi.

— Je l'emmène à Paris et je la marie!

C'est ainsi que La Poune devint reine de France! Le public hurlait de rire, et nous aussi. Parce qu'avec Pierre Jean, ce qui se passait dans la coulisse n'était pas moins drôle que ce qui se jouait sur scène. Cette revue a tenu l'affiche pendant trois mois. Trois mois de rire! Merci, Guilda, pour m'avoir donné l'occasion de passer de si bons moments et bonne chance!

Pierre Jean

Tant qu'à en parler, parlons-en: le trouble de ma vie! C'est un ami, un vrai! Drôle à la scène comme à la ville et vice versa. J'aurais aimé que vous le voyiez mener le bal chez Ben's, à deux heures du matin autour du traditionnel smoked-meat des gens de la nuit. Il est impayable. C'est un des rares artistes à qui ma porte est toujours ouverte. C'est un frère. Redemandez-lui son imitation de Louis de Funès, c'est plus vrai que nature!

Joël Denis

Un autre enfant terrible. Ce n'est pas une légende, c'est tout ce qu'il y a de plus vrai: terriblement tannant, terriblement attachant, terriblement de bonne humeur ou terriblement tout ce que vous voudrez, c'est un homme terrible! Un enfant terrible avec toutes les qualités de l'enfance sans en avoir les défauts.

J'ai joué avec lui il y a quelques années dans une revue au Théâtre des Variétés et je puis vous assurer qu'on ne s'ennuie pas avec Joël Denis.

Il recevait souvent des gens de la troupe chez lui pour des réunions dont tous ceux qui y ont participé se souviennent encore. Si on savait à quelle heure on arrivait chez Joël, on ne savait jamais l'heure à laquelle on repartirait. Pas vrai, Joël?

C'est également Joël qui m'a *coaché* quand j'ai enregistré *Je n'aurai plus jamais vingt ans* pour Pierre Nadeau, alors directeur de la maison Trans-Canada. C'est également lui qui a signé l'adaptation du grand succès de George Burns.

Au moment où j'écris ces lignes, il vient de présenter un *one-man show* dont on dit le plus grand bien. On parle d'un second souffle. Je ne suis pas inquiète pour lui, c'est un artiste plein de talents!

Dodo et Denyse

On l'a assez dit pour que je l'écrive aujourd'hui, ce tandem n'a pas été sans rappeler l'époque où Juliette Pétrie était ma partenaire. Ces deux artistes qui ont fait rire le public de la province pendant des décennies font maintenant cavalier seul.

À l'époque de leur célèbre émission *Moi et l'Autre*, elles ont eu la gentillesse de m'inviter à participer à quelques émissions dont je garde vraiment un bon souvenir.

Je me souviens que lors de la première convocation, je me suis payé ma petite valse-hésitation habituelle: entre, entre pas. J'ai finalement bien fait de me présenter sur ce plateau où j'ai été accueillie par une équipe du tonnerre.

Plus tard, j'ai tourné un film dans lequel Dominique tenait le rôle principal: *Les aventures d'une jeune veuve*. Je me permets de vous faire part du télégramme qu'elle me faisait parvenir en 1980:

«Rose,

Le temps a oublié de vous faire des rides parce que vous avez su nous aimer en nous faisant rire.

Puisse-t-il un jour vous oublier pour qu'on puisse vous garder toujours.

Je regrette de ne pas être près de vous, moi qui vous aime tellement. Je vous embrasse.

Votre fille adoptive, comme vous le dites souvent.

Dominique Michel.»

Mes partenaires

Tout au long de ma carrière, j'ai eu la chance de travailler avec des partenaires exceptionnels. On ne dira jamais assez l'importance du *straight*[1] dans la carrière d'un comique. Si le comique est le maître de la situation, il a absolument besoin des répliques du *straight* afin que son numéro rebondisse sans cesse. C'est un métier un peu ingrat puisque ceux qui l'exercent demeurent dans l'ombre. Mais un métier qui demande un sens du *timing* et un rythme incroyable.

La première partenaire avec qui j'ai travaillé a été Juliette Pétrie. J'aurais pu tomber plus mal, avouez! C'est au cours d'un numéro que nous présentions ensemble que Juliette a lancé une expression qui fait encore les beaux jours du monde de la comédie.

Juliette avait terminé la réplique sur laquelle je devais entrer en scène. Pas de Poune! Madame la directrice était occupée à régler un problème en coulisses et n'avait rien entendu. Juliette «adlibait» depuis déjà un bon moment lorsque, arrivée au bout de son rouleau et n'en pouvant plus, elle se tourne vers la coulisse, les mains sur les hanches et secouant les épaules comme elle seule sait le faire, elle s'écrie: «Ben répondez-moé quelqu'un!»

Si Juliette avait touché des droits d'auteur sur cette réplique, elle serait devenue millionnaire rapidement. Nous avons plus tard travaillé ensemble au cabaret pendant plusieurs années. Le public trouvait que nous nous complétions bien. Je le crois aussi.

---

1. Dans le langage du burlesque, le *straight* est le partenaire du *comic,* son faire-valoir si vous préférez.

Et puis, mon ami Gerry Morel, avec qui je n'ai pas travaillé très longtemps puisqu'il devait se marier et que sa fiancée souhaitait qu'il exerce un métier plus «straight».

Simone Mercier, avec qui j'ai parcouru la province d'un bout à l'autre. En plus de son talent certain de faire-valoir, elle était une chanteuse que le public appréciait beaucoup. Mais la roue tourne et nous devions continuer nos carrières respectives chacune de notre côté.

Et enfin ce fut Louis. Louis Armel, avec qui j'ai vécu mes derniers spectacles au cabaret. Il est encore là, bien sûr — je l'avais pris au berceau — et plaît autant aux jeunes qu'aux plus vieux. C'est un chanteur-fantaisiste doué, un *straight-man* impeccable et un être humain et généreux. Il mettait vraiment tout son cœur à l'ouvrage et il avait une très grande conscience professionnelle.

Oh! nous nous sommes bien engueulés copieusement quelquefois — et la chose n'a rien d'anormal dans ce contexte — mais dès que nous mettions le pied sur scène, rien n'y paraissait. J'en garde un excellent souvenir. Merci, Louis, tu m'as souvent encouragée dans des moments où j'avais besoin de l'être.

MES AMIS DISPARUS

Aurore Alys

Je sais que les jeunes générations ne la connaissent pas... et c'est bien dommage. C'était une grande comédienne qui jouait notamment avec la célèbre troupe Barry-Duquesne, une des troupes les plus prestigieuses de l'époque[1].

Un jour, alors que nous nous rencontrions tout à fait par hasard, elle me fit part de son désir de venir jouer chez moi. Je n'allais pas la décevoir, et dès que l'occasion se présenta, je lui offris de venir travailler au National. Elle est demeurée plusieurs saisons avec nous et je garde le souvenir d'une artiste de très grande qualité.

Je me souviens qu'un jour où nous magasinions elle avait vu un chapeau qui lui plaisait particulièrement.

---

1. Cette troupe était formée des plus grands artistes de l'époque: Bella Ouellette, Jeanne Demons, Jeanne de Maubourg et Albert Duquesne, pour ne nommer que ceux-là.

Nous entrons chez Madame Nadeau, et la voici en train d'essayer des chapeaux. Malheureusement, celui qu'elle voulait était trop petit et Mme Nadeau promit de lui en faire un à sa mesure. Elle n'eut jamais le temps de porter le fameux chapeau puisqu'elle devait nous quitter peu de temps après, emportée par un cancer. Elle était dans la force de l'âge.

Longtemps après, je revis la modiste, Madame Nadeau, qui ne s'était jamais pardonné de ne pas avoir livré la marchandise à temps. Ce fut une leçon. J'essaie de ne jamais remettre à plus tard, ça peut jouer des vilains tours!

Raoul Léry

Ce qu'il était beau! C'était un comédien spécialisé dans le drame. Il jouait avec beaucoup d'élégance et le public féminin était en pâmoison devant lui. Il avait cependant l'habitude de lever le coude plus souvent qu'à son tour et j'étais toujours inquiète de savoir s'il allait pouvoir jouer.

— Raoul, tu n'es pas raisonnable, tu ne pourras pas travailler, tu as trop bu.

— Ne t'inquiète pas, Rose, ça ne se verra pas!

Et ça ne se voyait pas. Les femmes lui faisaient un triomphe et lui lançaient des roses sur la scène. Il arrivait en coulisses tout fier de lui et me disait:

— Tu vois, Rose, si j'avais été à jeun, je n'aurais peut-être pas reçu toutes ces fleurs.

Un jour cependant, à l'occasion de son anniversaire, on l'avait fêté. Remarquez qu'il n'avait pas besoin de prétexte pour «fêter», mais ce jour-là, il en avait un, et il avait prolongé sa fête jusqu'au lendemain. Il tenait le rôle d'un détective et, à un moment donné, il devait frapper à une porte en disant: «Au nom de la loi, ouvrez la porte! Mais il avait les idées un peu embrouillées et s'écria de sa plus belle voix: «Ouvrez la police au nom de la porte.» J'ai dû faire baisser le rideau. Et le pire c'était qu'on ne lui en voulait même pas. Il était tellement beau, l'animal!

Jean Desprez

Née Laurette Larocque, Jean Desprez avait épousé un des grands comédiens de l'époque, Jacques Auger. Elle avait une personnalité démesurément forte et savait ce qu'elle voulait. Elle était une des rares personnes du milieu radio-canadien à venir nous applaudir au National. Elle venait me voir souvent et m'encourageait autant qu'elle le pouvait:

— J'admire votre talent, votre détermination. Vous irez loin, me répétait-elle souvent.

Je sais — parce qu'elle me l'a dit — que si elle avait été réalisatrice, mes débuts à la télévision se seraient faits plusieurs années plus tôt.

— Ne vous en faites pas, tous ces gens qui lèvent le nez sur vous aujourd'hui seront oubliés depuis longtemps et vous serez encore présente.

J'aurais aimé qu'elle voie sa prédiction réalisée, mais elle nous a quittés trop vite pour que j'aie pu lui dire qu'elle avait eu raison. Et pour lui dire merci!

Je suis flattée qu'une telle femme m'ait honorée de son amitié. Une femme brillante et un bourreau de travail qui n'a jamais été remplacée. Quels beaux souvenirs elle nous a laissés!

La Bolduc

Pendant la saison d'été, nous faisions relâche au National. J'avais accepté de faire quelques tournées en province avec Jean Grimaldi. C'est au cours d'une de ces tournées que je fis la connaissance de La Bolduc. Elle devait accepter de venir chanter au National un peu plus tard pour le plus grand plaisir de Madame la directrice et du public.

Madame Bolduc était une énorme vedette. Et pour une fois, le titre lui convenait parfaitement. TOUTES ses chansons faisaient des succès. Elle avait le don de rejoindre le public avec ses chansons dont les thèmes s'inspiraient le plus souvent de l'actualité: *Le R-100, La grippe, Les cinq jumelles* qu'elle avait composée en l'honneur des célèbres jumelles Dionne. *La Gaspésienne pure laine* (elle était née en Gaspésie et son vrai nom était Mary Travers). *Les braves habitants, Le sauvage du nord* et sa célèbre chanson sur la crise économique de 1929: *Ça va v'nir, découragez-vous pas!* que quelqu'un devrait bien songer à reprendre maintenant. L'actualité se répète.

Si vous saviez comme on l'a boudée! Je ne dis pas le public, mais je pense aux journaux et à la radio qui l'ignoraient systématiquement. Je peux aussi vous confier que cette femme, qui n'avait aucune arrière-pensée, s'en foutait royalement. Physiquement comme artistiquement, elle était une géante — elle mesurait près de six pieds et pesait plus de 170 livres — qui a su conquérir un public immense en un temps relativement court.

Un jour, en tournée, le conducteur de l'automobile dans laquelle elle avait pris place eut à freiner brusquement alors que Madame Bolduc était à genoux sur le siège avant en train de parler à quelqu'un assis sur la banquette arrière. Elle fut blessée grièvement et n'en guérit jamais tout à fait. Après une longue convalescence, elle recommença à faire des tournées tout en sachant qu'elle était condamnée. Elle mourut en 1941, après une carrière fulgurante qui avait duré à peine dix ans.

Il aura fallu vingt ans pour qu'elle revienne à la mode grâce à une réédition de ses plus grands succès. Et ce furent ces mêmes médias qui l'avaient ignorée vingt ans plus tôt qui contribuèrent le plus à tisser la légende qui demeure quand même bien en deçà de la réalité. Il n'est jamais trop tard pour bien faire.

Je l'ai souvent remarqué, quand un artiste débute, il a toutes les misères du monde à se tailler une place au soleil. Une fois qu'il a réussi à s'imposer, ceux-là même qui n'avaient pas eu de flair sont les premiers à dire que sans eux un tel n'aurait jamais pu faire carrière.

Elle m'a honorée de son amitié sincère et c'est toujours avec un immense plaisir que je me rappelle cette femme charmante, pas bêcheuse pour deux sous et d'une rare générosité.

Je la revois sur scène, l'air digne dans sa robe «grand soir», recommencer sans cesse la conquête de ce public qui l'adorait.

Paul Desmarteaux

Celui qui allait devenir l'inoubliable curé Labelle des *Belles histoires des pays d'en haut*[1] a longtemps fait partie de la troupe du National. Un comédien aux talents multiples qui pouvait jouer n'importe quoi.

Mais il était demeuré un grand enfant, haïssable et joueur de tours comme pas un. Je devais toujours l'avoir à l'œil pour éviter qu'il nous fasse tomber un rideau sur la tête. Cela s'est quand même produit! Comme il est arrivé souvent qu'au moment des répétitions l'oiseau s'était envolé! Le moins qu'on puisse dire, c'est qu'il avait autant de présence dans la vie que sur scène!

Aline Duval

C'était l'épouse de Paul Desmarteaux. Celui qui a lancé l'idée que les différences s'attirent devait avoir connu le couple Desmarteaux-Duval. Une femme douce, d'une simplicité rare dans ce métier et qui n'a laissé que de bons souvenirs à tous ceux qui l'ont connue.

---

1. À l'origine un roman, *Les belles histoires* de Claude-Henri Grignon allaient connaître un succès énorme comme radio-roman d'abord puis téléroman plus tard à l'antenne de Radio-Canada.

Je me souviens qu'en faisant des courses avec elle elle avait coutume de parler aux enfants sur la rue, de les moucher quand c'était nécessaire et de les embrasser comme s'ils avaient été les siens. Une artiste comme il devrait y en avoir plus dans ce milieu pas toujours sain, sain, sain.

Les sœurs Giroux

Antoinette et Germaine Giroux étaient deux comédiennes de grand talent et bien qu'ayant des personnalités passablement différentes, elles étaient les meilleures amies du monde. Je les avais connues à leurs débuts et elles m'honoraient de leur amitié.

Un soir où nous étions invités à manger chez elle après le spectacle, Arthur, Juliette Pétrie et moi, on entend la voix de Germaine qui crie du fond de la cuisine:

— Antoinette, as-tu vu le sel?

Je revois Antoinette, très grande dame, répondre à Germaine:

— Mais voyons, Germaine, je t'ai dit que nous n'avions plus de sel.

— Comment ça, plus de sel! J'en ai besoin!

— Nous n'en n'avons pas, Germaine, et à l'heure qu'il est, je doute que nous en trouvions.

— Nous n'en n'avons pas, Germaine! Nous n'en n'avons pas, Germaine! (Elle prenait le ton un peu pincé d'Antoinette.) Arrête un peu ton cinéma, Antoinette, pas la peine de «tirer du grand». On crève de faim, même pas de sel dans la maison. Je vais en trouver moi du sel!

Elle empoigne le téléphone et rejoint un ami à qui elle explique son problème. L'ami en question habitait le nord de la ville alors que nous nous trouvions chez les sœurs Giroux, angle Saint-Mathieu et Sherbrooke. Pour Germaine, cela n'avait aucune importance. Antoinette, par contre, doutait grandement de la réussite de la démarche:

— Mais voyons, Germaine, ça n'a aucun sens, on ne dérange pas les gens pour du sel à une heure pareille! Tu sais bien qu'il ne viendra pas!

Une demi-heure plus tard, on sonne à la porte. C'était l'ami qui apportait un petit sac de sel.

— Hein, Antoinette, gloussait Germaine, je te l'avais bien dit qu'il viendrait!

Germaine Giroux avait une personnalité tellement forte que ses désirs étaient des ordres. Antoinette, excellente comédienne au demeurant, était un peu «pincée». J'étais davantage liée à Germaine avec qui j'ai eu des sessions de rire mémorables. Quelle nature et quel talent! Une artiste pleine de ressources et qui pouvait tout faire avec un égal bonheur. Les jeunes s'en souviennent davantage à cause du rôle coloré de «La grosse Madame» qu'elle a tenu à la télévision dans le téléroman de Claude-Henri Grignon *Les belles histoires des pays d'en haut,* mais les plus vieux se souviendront de la bête de scène qu'elle était.

Je garde le meilleur des souvenirs des sœurs Giroux qui faisaient partie d'un groupe d'amis que nous fréquentions beaucoup à l'époque et qui comprenait entre autres la mignonne Denyse Saint-Pierre et son mari Paul Colbert.

Camillien Houde

Un jour, j'étais en tournée à Trois-Rivières lorsque nous apprenons la visite de Camillien Houde le soir même au parc municipal. Il faisait à ce moment-là campagne pour le Parti conservateur.

C'était un orateur hors du commun et chacune de ses apparitions attirait un public énorme qui l'écoutait presque la bouche ouverte. Il fascinait les foules.

Faisant relâche ce soir-là, nous décidons d'aller l'entendre. J'ai rarement autant ri! Avec ce timbre de voix qui lui était si personnel, il haranguait la foule:

«Chers électeurs, je ne suis pas gêné avec vous autres et je vais vous le dire tout de suite: si vous n'êtes pas contents, vous savez ce qui vous reste à faire. Vous êtes une gang de fous, mais moi, Camillien Houde, je vais vous parler quand même!»

Une drôle de façon d'apprivoiser l'électorat, vous en conviendrez.

Comme maire de Montréal, surtout après l'incarcération que lui avait value son opposition à la conscription, il devint une légende vivante.

En fait, je le connaissais depuis longtemps, bien avant qu'il ne devienne le bon Camillien, père et maire de Montréal.

J'étais adolescente et nous habitions la rue Logan. Si je me souviens bien de ce logement de la rue Logan, c'est qu'il fut le premier que nous ayons loué équipé d'une baignoire. Nous nous faisions une fête de nous y installer, justement à cause de la baignoire. La surprise fut cruelle: il n'y avait que l'eau froide.

Au coin de la rue Logan, il y avait une banque. À la banque travaillait un employé qui était devenu notre souffre-douleur et dont nous guettions l'arrivée chaque matin pour lui crier: «Le gros Camillien, le gros Camillien!» «Mes p'tites maudites», bougonnait-il pendant que nous déguerpissions.

«Tu vas te faire arrêter par la police», s'inquiétait ma mère.

«La police pas d'cuisses numéro 36», lui chantait-on.

Pauvre Camillien et pauvre maman! Vilaine Rose-Alma!

Ti-Blanc Richard

J'ai souvent croisé cet homme adorable. Surtout en province où il arrivait souvent, mon spectacle terminé, que le maître d'hôtel vînt me prévenir de la présence de Ti-Blanc.

Il me répétait combien il aimait ce que je faisais:

— Vous êtes une grande comédienne, Rose, je vous admire tellement!

— Voyons, voyons Ti-Blanc, serre ton violon! Tu veux que je te paie un verre?

— Non non, Madame Ouellette, je vous admire «gratis».

Cet homme était une soie. Michèle, qui a de qui tenir, m'a remis le trophée Ti-Blanc Richard lors d'un Gala dont je me souviendrai toujours.

Je n'ai pas vraiment travaillé avec Ti-Blanc, bien que nous nous soyons vus souvent. Une seule fois, nous avons été réunis sur une même scène à l'occasion d'un spectacle pour les «pensionnaires» de Bordeaux.

Nous étions en train de nous préparer dans la loge lorsque Ti-Blanc me dit:

— Rose, quand vous aurez fini votre numéro, j'aurais besoin de vous si vous le voulez bien.

— Pour faire quoi, Ti-Blanc?

— Oh! rien de très très compliqué. Il s'agit de garder le rythme avec un instrument dont vous pourrez jouer facilement, ne vous inquiétez pas!

J'aurais dû m'inquiéter. J'ai joué de la «machine à coudre». Une machine à coudre recyclée où il m'a fallu «pédaler» comme une forcenée pendant une grosse demi-heure pour garder le fameux rythme endiablé de Ti-Blanc.

Je regrette qu'il nous ait tiré sa révérence aussi vite. Je sais aussi que je ne suis pas la seule.

Édith Piaf

Je vous mentirais en vous disant que je l'ai bien connue, mais laissez-moi vous raconter comment je l'ai rencontrée.

Lors de sa première tournée en Amérique, elle avait piqué une pointe vers Montréal pour venir y présenter son tour de chant. C'était un événement que je ne voulais pas manquer. La première fois où j'avais entendu sa voix sur disque, j'avais été bouleversée et je m'étais juré d'aller la voir quand l'occasion se présenterait. Enfin, elle était à Montréal... mais je travaillais tous les soirs. Au National toutes les deux. Elle au Monument National de la rue Saint-Laurent et moi dans «mon» National de la rue Sainte-Catherine. Comme elle avait emmené les Compagnons de la Chanson pour faire la première partie de son spectacle, je me dis qu'en faisant vite j'arriverais à temps pour l'entendre.

Ma comédie terminée au National, je saute dans ma voiture et file en direction de la rue Saint-Laurent. J'arrive trop tard, juste au moment où elle quittait le théâtre.

— Bonjour, vous êtes Madame Piaf?

— Mais oui, madame, c'est bien moi.

— Je suis vraiment désolée. Je venais vous entendre chanter, mais je vois que j'arrive trop tard.

— Bah, ce n'est pas grave, vous vous reprendrez, je ferai d'autres spectacles, du moins je l'espère! Dites-moi, vous êtes Canadienne?

— Mais oui, madame, Canadienne pure laine!

— Et qu'est-ce que vous faites dans la vie?

— Je suis caissière pour France-Film.

— Ah oui! France-Film! J'en ai entendu parler. Bonsoir, madame, à bientôt.

— Ma voiture est à côté, je peux vous raccompagner?

— Vous êtes gentille mais j'ai besoin de prendre un peu d'air. Je préfère marcher jusqu'à l'hôtel. Merci encore.

Pourquoi lui avais-je raconté cette blague de la caissière? Dieu seul le sait. J'ai lu sa vie et j'ai été émue. Comme je le suis quand je fais tourner ses disques. Grâce à eux, elle ne nous a pas tout à fait quittés.

Jean Nel

Son nom est peut-être oublié aujourd'hui, mais ce Français d'origine mérite qu'on en parle. Il fut l'un des premiers à organiser des tournées en province. C'est avec lui que j'ai fait ma première tournée (vous vous souvenez de la comtesse de Buissières, c'était avec lui) et je me revois encore à Rivière-Bleue, en train d'écrire à ma mère à la lueur d'une lampe à huile. Nous précédions de peu l'électricité, et jusque-là nous étions les seules lumières que Rivière-Bleue ait connues! Excusez-la!

Le téléphone, c'était le nouveau gadget de l'époque. C'est également Jean Nel qui avait écrit l'adaptation de *If I had a talking picture of you* pour Henriette Berthaut qui était devenu *Si j'avais une parlante de vous*. Le cinéma parlant faisait souvent les frais de la conversation à cette époque et je me souviens que beaucoup de gens croyaient qu'il s'agissait là d'une mode passagère. Comme pour l'automobile et comme pour le microphone.

Permettez-moi une parenthèse pour vous parler de l'arrivée du microphone dans nos vies.

Elle coïncide avec le moment où nous nous installions au théâtre National, ma troupe et moi. Au début, les avis étaient partagés et plusieurs pensaient que le règne du micro serait de courte durée. Il faut dire qu'au tout début les microphones n'étaient pas toujours fidèles et bien des artistes avaient beaucoup de difficultés à s'adapter à cette nouvelle technique. Habitués à projeter comme nous l'avions toujours fait — nous nous amplifiions nous-mêmes et les poumons solides étaient de rigueur —, beaucoup d'entre nous avaient du mal à bien utiliser un micro. Et puis les premiers microphones limitaient drôlement nos mouvements. Ils étaient énormes et beaucoup trop lourds pour songer à les déplacer constamment. Nous étions loin du micro sans fil — qu'il m'arrive d'utiliser — et des instruments sophistiqués dont nous disposons aujourd'hui.

Et puis tous les autres camarades que j'ai croisés et dont je me souviens avec nostalgie maintenant qu'ils ne sont plus là. Je pense à Jeanne de Maubourg, artiste française venue s'installer ici au début du siècle et qui a donné des cours de chant à toute une génération de chanteurs et de chanteuses. Le notaire Malo, mon ami Charles Lorrain, qui à force de jouer les notaires (qui se nommaient toujours Malo) avait fini par presque perdre sa propre identité. Simone Roberval, dont les photos m'avaient tant fait rêver quand j'étais encore toute jeune. Une belle chanteuse qui devait connaître nombre de déboires avant de nous quitter.

Je pense à mon pianiste du National pendant des années, Paul Foucreault, avec qui nous avons eu la chance de travailler. Un vrai virtuose.

Lionel Parent, un chanteur de charme que les femmes adoraient. Georges Leduc, entré comme machiniste et qui finit vedette du tour de chant.

Colette Ferrier, une belle femme et une belle voix. Une artiste raffinée. J'aimerais bien apprendre qu'elle chante encore quelque part, j'irais certainement l'entendre!

En 1982, avec mon ami Michel Jasmin.

Avec Jean Coutu, pendant le tournage de *l'Apparition*.

Jeannette Daniel, mon fidèle imprésiario pendant 20 ans.

Le père Émile Legault, Doris Lussier, Rose et Alys Robi.

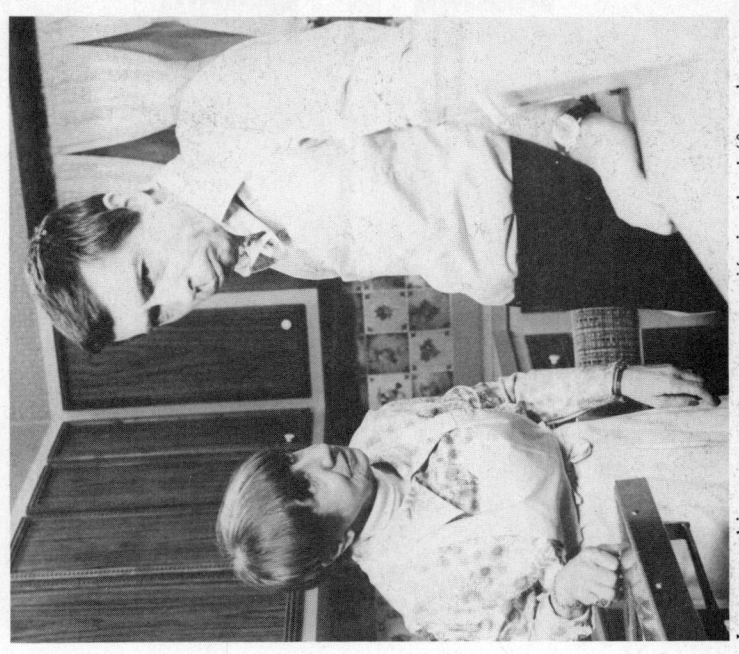

Le sympathique et courageux propriétaire du théâtre des Variétés, mon ami Gilles Latulippe.

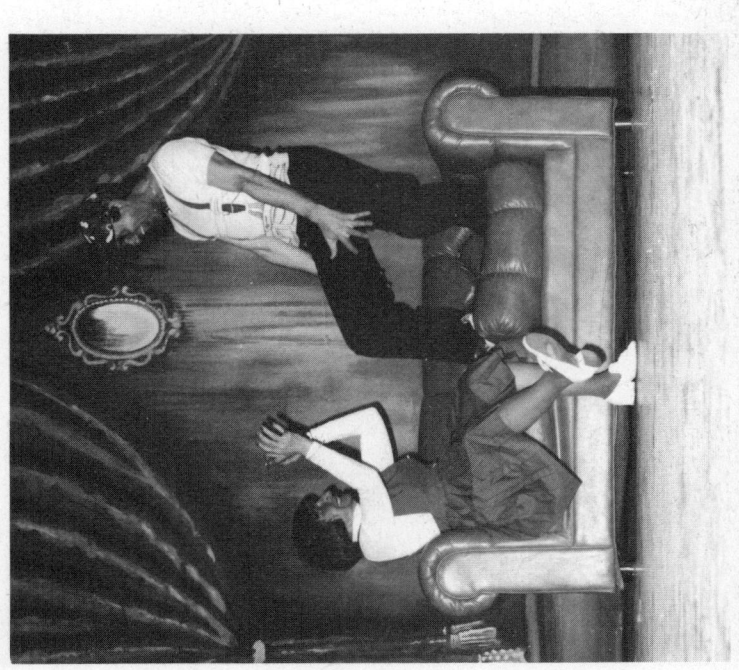

Au théâtre des Variétés, avec le «terrible» Joël Denis.

Deux comédiennes, deux styles, deux générations, avec Alyson Arngrim, de «La petite maison dans la prairie».

Quand je vous dis que Jean Lapointe me fait rire!

Mes seconds débuts au théâtre, dans le cadre enchanteur du théâtre «Le Saint-Laurent», sur l'île Charron, à Montréal.

Un «bourgeois» en or, mon ami Réjean Lefrançois.

La bonne Anna de Marc Camoletti, au théâtre de l'île Charron avec Réjean Lefrançois et Gisèle Trépanier.

En compagnie du réalisateur, Claude Colbert.

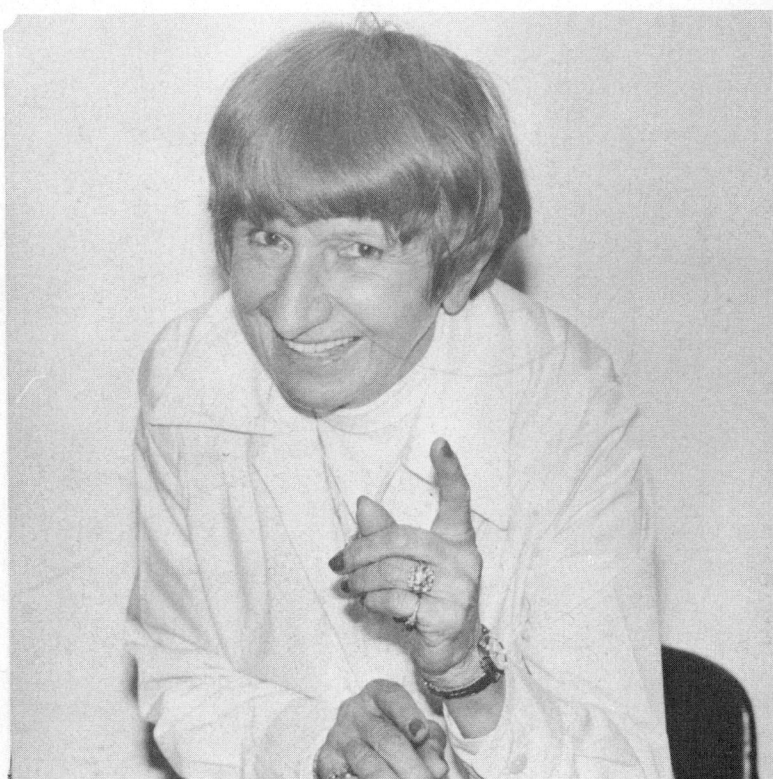
Toujours en forme.

Les amuseurs s'amusent: Clairette, La Poune, Jean Grimaldi et Raynaldo.

Mireille Deyglun, la fille de mon amie Janine Sutto.

Avec René Caron, Claude Valade et Louis Armel.

Mon «fils» Marcel-Marie, alias Fernand Gignac, mon chanteur préféré, dans les «Moineau et les Pinson».

Le ministre et La Poune.
Gérald Godin et Rose Ouellette.

Mes «seconds» débuts sur disque. Entourée de Walter Giardetti et de Pierre Nadeau, chez Trans-Canada disques.

Une comédienne que j'apprécie: Rita Bibeau.

La Poune au septième ciel dans les bras de Claude «Nestor» Blanchard.

Gouvernement du Québec

Le Premier ministre

Québec, le 20 mars 1980

Madame Rose Ouellette

Chère Madame,

    Permettez-moi de me joindre à ceux qui vous rendent hommage aujourd'hui.

    Je sais à quel point votre souci du travail bien fait vous a apporté l'admiration de ce public québécois que vous respectez tant.

    Acceptez mes plus sincères félicitations et ... lâchez pas.

René Lévesque

PRIME MINISTER • PREMIER MINISTRE

    Qui de ma génération n'a pas entendu parler de La Poune!

    Pour des milliers de chômeurs, victimes de la crise économique d'avant-guerre, Rose Ouellette aura été ce boute-en-train qui vous enseigne à rire de vos malheurs plutôt que d'en pleurer. Et durant la guerre, combien d'hommes et de femmes sont ressortis du théâtre National soulagés de leur angoisse et profondément revigorés par le rire franc et libérateur que savaient si bien susciter La Poune et sa troupe.

    Valéry Giscard d'Estaing, alors jeune professeur au Collège Stanislas, passait, paraît-il, ses soirées les plus gaies au National. Et le futur président de la France n'était pas le seul. Au lieu de sécher sur une dissertation consacrée à la commedia dell'arte et son influence sur Molière, je connais plus d'un étudiant qui préféraient aller se dilater la rate en compagnie de La Poune et des autres grands comiques de l'époque.

    Malgré son âge, Rose Ouellette n'a pas fini de nous faire rire, et je lui souhaite encore longue vie parmi nous. A notre époque inquiète, nous avons besoin d'elle et de ses semblables pour éviter de nous prendre trop au sérieux.

Ottawa
1 9 8 0

Michel Girouard, un comique qui s'ignore.

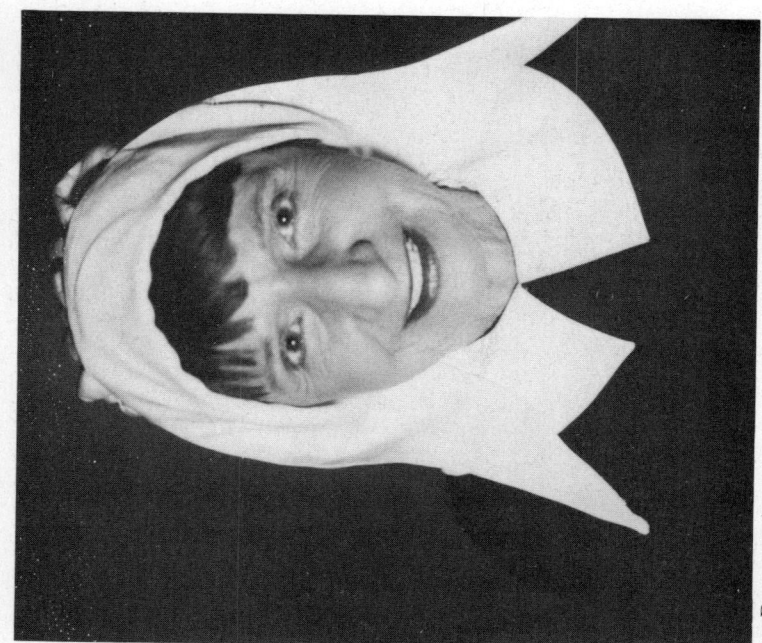

La Poune volante!

La ministre Lise Payette m'honore de sa présence et me remet des fleurs lors d'une émission spéciale à Radio-Canada.

Avec mon amie, ma camarade, Juliette Pétrie. Une longue complicité.

DES GENS QUE J'AIME

Fernand Gignac

Des chanteurs comme Gignac, il en existe peu sur la planète. Une voix aussi riche alliée à une technique impeccable, vous avouerez que c'est rare!

J'ai connu Fernand au National un jour où il s'était présenté à une audition afin de participer au concours d'amateurs. En culottes courtes! Je m'en souviens, je me trouvais dans ma loge-bureau au premier étage et je suis descendue dès qu'il eut commencé à chanter. Tout jeune, il possédait déjà cette technique et ce talent qui allaient en faire un chanteur de premier plan.

Je l'ai revu quelques années plus tard par le plus pur des hasards. Je travaillais dans une boîte de la rue Saint-Denis quand, un soir, mon M.C. tomba malade. On m'offrit quelqu'un pour le remplacer et je vis arriver Fernand Gignac. En pantalon cette fois. L'âge des culottes courtes et des amateurs était terminé pour lui et il allait connaître la carrière que l'on sait.

J'allais le retrouver comme comédien en 1980, dans le téléroman *Les Moineau et les Pinson* de Georges Dor. J'y tiens le rôle de Madame Moineau mère, une vieille tannante qui me rappelle un peu La Poune. Quelle mère ne serait pas fière d'avoir Fernand Gignac comme fils, même dans un téléroman?

Léo Marjane

J'ai fait la connaissance de Léo Marjane alors qu'elle présentait son tour de chant au Radio-Cité comme invitée spéciale de la revue que nous y jouions. Depuis le milieu des années trente, elle avait mené une carrière intéressante en France, mais l'après-guerre lui ayant compliqué un peu la vie, elle avait dû poursuivre sa route hors de son pays. Marjane avait enregistré des succès que tout le monde fredonnait à l'époque: *Mon ange, En septembre sous la pluie* et *Seule ce soir* et surtout, surtout: *La chapelle au clair de lune*.

Marjane avait la réputation d'avoir «du caractère». À l'époque, quand on disait d'une femme qu'elle avait du caractère, on sous-entendait automatiquement qu'il était mauvais. On la disait aussi un peu pincée. J'ai eu une fois de plus la preuve qu'il y a souvent loin de la réputation à la réalité.

Je faisais mon numéro avant elle et un soir, alors que je sortais de scène et qu'elle allait y entrer, elle me tend son vison:

— Seriez-vous assez gentille de me le garder pendant mon «tour»?

— Bien sûr, Léo, si vous n'avez pas peur que je parte avec!

— Oh non! Je vous ai regardée jouer et vous m'avez tout de suite plu. Vous avez toute ma confiance!

Le lendemain soir, elle arrive au théâtre les bras chargés de «cochonnailles»: foie gras, fromages fins, vin et pâtisseries (françaises, cela va de soi) et m'invite à manger dans sa loge. Parle, parle, jase, jase, nous sommes devenues les meilleures amies du monde.

Rina Ketty

J'ai travaillé avec Rina Ketty à Radio-Cité au moment où Jean Grimaldi et Michael Custom l'avaient repris en mains au début des années cinquante. Nous avons travaillé un mois ensemble et nous sommes devenues de grandes amies.

Rina Ketty avait été une énorme vedette en France et ses chansons étaient toujours des succès: *Sombreros et mantilles* et son célèbre *J'attendrai* étaient sur toutes les lèvres. La guerre, ou plutôt l'après-guerre l'avait exilée. Elle est restée au Québec quelques années puis, un jour, elle est rentrée en France. Nous avons correspondu un bon moment. Elle signait ses lettres «ton petit oiseau». Je l'avais surnommée ainsi à cause de la façon très particulière qu'elle avait de marcher sur la pointe des pieds, sans faire le moindre bruit, comme un oiseau.

Une autre à qui je devais rendre visite!

Paolo Noël

Le beau Paolo! Il avait déjà autant de charme quand il est venu se présenter au National où il fit un beau succès dès le début. En plus d'être un chanteur de charme, c'est un homme charmant, d'une humeur toujours agréable (avec moi du moins) et d'une sensibilité hors du commun.

Quand nous avons travaillé ensemble, au Théâtre des Variétés, nous allions souvent prendre une p'tite O'Keefe dans un bar voisin après le spectacle. Juste une, question de garder ma taille de Poune!

Je le vois de temps en temps avec sa belle Diane et leur compagnie m'est toujours agréable. Avec leurs beaux enfants, c'est une famille de rêve!

Jen Roger

Un autre qui a débuté au National. Le public l'a adopté d'emblée. Un jour, il vint me voir et m'expliquer qu'il avait une offre d'aller travailler au Mocambo. «Vas-y, c'est peut-être ta chance.» Il y est resté nombre d'années avant de devenir la vedette-maison du Casa Loma. Boudé par la télévision au début, il obtint une douce revanche en se faisant élire Monsieur Radio-Télévision quelques années plus tard. Puis il nous a quittés pour la Floride où je le rencontrais à chacun de mes séjours là-bas. Je sais qu'il est maintenant de retour au Québec définitivement.

Charles Trenet

Trenet adore le Québec et il l'a prouvé en écrivant plusieurs chansons nous concernant: *Dans les rues de Québec* ou *Le voyage au Canada* notamment, nous ont fait connaître en France beaucoup mieux que ne l'ont fait certains diplomates ou ambassadeurs.

Je travaillais au National et il présentait son tour de chant au Café de l'est. Il avait pris l'habitude de venir me voir et nous nous étions liés d'amitié. Charles Trenet, c'est un soleil ambulant. Un fort bel homme doublé d'un artiste raffiné. Je n'ai pas à faire l'éloge de ce «Fou chantant» qui continue encore aujourd'hui à séduire le public.

Un jour où il avait manifesté le désir de goûter un repas typiquement québécois, je l'invitai dans un restaurant tout à fait simple mais dont le menu avait le mérite d'être on ne peut plus «cuisine canadienne»: fèves au lard, tourtières et ragoût de boulettes. Il adorait découvrir et le repas qu'il avait pris sur la rue Craig l'avait enchanté. Il n'en finissait plus de me remercier.

— Et vous ne savez pas tout, Charles. Avec les fèves au lard que nous venons de manger tous les deux, nous allons donner un sérieux coup de main à nos musiciens.

J'ai rarement vu quelqu'un rire d'aussi bon cœur!

Michel Tremblay

Non, celui-là, il n'a jamais travaillé au National, mais c'est tout comme.

Il avait déjà parlé de moi dans *La grosse femme d'à côté est enceinte* et j'avais été frappée qu'en quelques lignes il puisse aussi bien cerner de climat d'une époque. Permettez que je vous les cite:

> «Mastaï avait entouré les épaules de sa femme de son bras gauche et de sa main droite avait sorti deux billets de théâtre d'une de ses poches. «Ma belle Gaby, à soir j't'emmène voir La Poune!» Gabrielle Jodoin poussa un cri de joie et s'empara des billets. «La Poune! Depuis l'temps que j'veux la voir! On va souper de bonne heure, pis on va s'arranger pour arriver à temps pour les deux vues avant le show!» Elle sautillait sur place, battait des mains. «Hé, que chus contente! Comment ça s'appelle, la comédie, c'te semaine?» «Ça s'appelle la buvette du coin, pis y paraît que c'est drôle en ciboire! J'ai failli t'emmener voir La Dame de chez Maxim's, au Monument National, avec Antoinette Giroux, mais j'avais peur que ça soye trop sérieux... J'voulais rire!» «J'comprends! Moé aussi j'veux avoir du fun[1].»

Mais là où il m'a vraiment eue, c'est dans *La duchesse et le roturier*[2]. Il parle du National comme s'il y avait passé sa vie — il devait pourtant avoir la couche aux fesses quand nous avons quitté — et de moi comme si nous avions élevé les cochons ensemble. S'il y a quelques noms de changés, le fond n'en demeure pas moins rigoureusement exact. L'ambiance des coulisses, les relations entre les comédiens, les soirs où nous allions nous «écarter» un peu après une semaine harassante, les descriptions des lieux, des gens et du climat qui régnait: Tout y est. Comment a-t-il pu connaître tout ça? Quel «espion» hors pair l'a renseigné? Mystère!

---

1. TREMBLAY, Michel, *La grosse femme d'à côté est enceinte, Montréal, Leméac 1978 (p. 164).*

2. TREMBLAY, Michel, *La duchesse et le roturier,* Les éditions Leméac, Montréal, 1982.

Ce que je veux surtout lui dire, c'est que la lecture de ce livre m'a apporté des moments de bonheur intense. Merci, Michel, et soyez tout à fait à l'aise pour reparler de moi. Vous m'avez comprise!

Pauline Julien

Quelle femme et quelle artiste! Une personnalité d'une force peu commune. Une de nos très grandes interprètes et une de mes préférées.

Un jour, je la rencontre à Québec alors que je jouais au Grand Théâtre. Je l'invite à venir nous voir le soir même.

— Malheureusement, Rose, ça m'est impossible, je dois prendre l'avion pour Paris ce soir. Je serai quand même avec vous!

Le soir même en arrivant dans ma loge, j'ai trouvé un magnifique bouquet blanc avec le carton de Pauline.

J'ai toujours ces fleurs séchées dans mon appartement pour me rappeler la délicatesse de Pauline.

Jean Coutu

Il y a belle lurette que je connaissais le célèbre «Survenant»[1] par la télévision, mais c'est sur un plateau de tournage que je devais lui être présentée. Il est venu me souhaiter la bienvenue sur le plateau de *l'Apparition,* et me dire le plaisir qu'il éprouvait à jouer avec moi. De mon côté, j'étais flattée de travailler avec un comédien que je tiens pour un des grands de sa génération.

Pour le photographe du plateau qui voulait nous photographier, il prit la pose du gentilhomme qu'il est, un genou par terre et La Poune sur l'autre genou. Très très confortable! Et je connais bien des femmes qui

---

1. *Le Survenant,* un roman de Germaine Guèvremont devenu téléroman, avait révélé au grand public la présence et le talent de Jean Coutu qui y tenait le rôle principal.

auraient aimé être à ma place. J'ai eu l'occasion de jouer sa tante dans une autre série télévisée réalisée par Claude Colbert. Un beau neveu, non?

Juliette Huot

Je n'ai jamais eu le plaisir de travailler avec Madame Huot, une très grande comédienne. Quelle humilité et quel talent! Je n'hésite jamais à aller la saluer quand je la vois quelque part. C'est un risque que je ne prends pas avec tout le monde — il est arrivé qu'on ne me réponde pas — mais avec Juliette, on sait qu'on sera bien reçue.

Je n'ai qu'un regret quand je la vois à la télévision en train de mijoter les petits plats qui ont fait sa réputation de cordon bleu: Je n'ai jamais été invitée à y goûter! Je sais ce que je manque, j'en ai assez entendu parler!

Michel Girouard

J'ai eu un «fun» noir avec lui! Nous avons passé je ne sais plus combien de semaines ensemble au Théâtre des Variétés et quand j'y repense, je ris encore!

On m'avait dit: «Tu vas travailler avec Girouard?» sur un ton qui en disait long. J'aimerais répondre à ces gens aujourd'hui: «Oui, j'ai travaillé avec lui et l'expérience a été des plus heureuses.»

Récemment, il a eu la gentillesse de penser à moi pour participer à un grand spectacle dans lequel j'aurais personnifié E.T. et qu'il devait présenter au Palais du Commerce. Malheureusement, j'étais à Miami pour des vacances dont j'avais le plus grand besoin. J'espère qu'on se reprendra, Michel! J'aime bien les artistes qui ont le courage de leurs opinions, c'est tellement rare!

Lise Payette

Il y a quelques années, on me téléphone un jour pour m'inviter à participer au grand spectacle qui devait clôturer les fêtes de la Saint-Jean, organisées cette année-là par Lise Payette. J'étais donc convoquée chez elle à Outremont et je m'y rendis au jour convenu. Seulement, une fois à la porte, ma fidèle timidité m'empêchait d'appuyer sur le bouton. Vraiment, je n'arrivais pas à me décider mais il le fallait. J'aperçois au même moment un chat étendu au soleil et je décide qu'il serait mon «prétexte». Je sonne et madame Payette vient m'ouvrir:

— Bonjour, Madame Ouellette! Vous allez bien? Entrez!

— Tenez, je vous rapporte votre chat!

Lise Payette est la gentillesse même. Avec moi en tout cas! Et je ne me fie qu'à ce que je vois.

Elle était déjà ministre quand elle vint spécialement de Québec à Montréal afin de participer à une émission de télévision où on me rendait hommage. Avec des fleurs en plus, comme si sa présence ne suffisait pas!

Quels beaux souvenirs je garde de Lise Payette et de sa fête sur la montagne!

Lucille Dumont

Lucille Dumont participait également au spectacle de la Saint-Jean cette année-là. Je la revois de temps en temps et je suis toujours impressionnée par cette artiste exceptionnelle. La dernière fois que je l'ai croisée, c'était à l'émission Michel Jasmin:

— Bonjour, Madame Ouellette, comment allez-vous?

— Bien merci, Lucille. Vous avez l'air en grande forme!

— Assez en forme pour jouer enfin notre partie de badminton!

Ça remontait loin!

Nous nous étions rencontrées quelques années plus tôt à l'occasion d'un hommage rendu à M. Deyglun et tout en causant après le spectacle, Jean-Maurice Bailly nous découvrit un goût commun pour le badminton. Frondeuse, je dis à Lucille:

— J'aimerais ça, Lucille, vous battre au badminton.

— Je relève le défi, Madame Ouellette!

Et ça ne n'est pas encore fait jusqu'à ce jour.

Avant de la rencontrer, je la connaissais comme chanteuse, bien sûr. Lorsque j'habitais Lanoraie et que je jouais au National, Lucille avait une émission de radio qui coïncidait avec mes heures de déplacement. Je l'écoutais avec ravissement tout en conduisant. Au Canadien, nous avons souvent repris les airs qu'elle avait popularisés pour en faire des adaptations. Ainsi, «Le p'tit bal du samedi soir» devenait «Histoire d'un chien» et «Pour un baiser d'amour» devenait «Ton nom maman».

C'est en l'entendant chanter récemment à la télévision que je me suis surprise à en vouloir aux producteurs de disques de nous en priver. Toujours en pleine possession de ses moyens, elle demeure une très grande chanteuse qu'on ne se lasse jamais d'entendre. Et belle avec ça!

Merci, Lucille, pour les merveilleux moments que j'ai passés en vous écoutant. Vous êtes et resterez toujours pour moi la Grande Dame de la chanson.

Clairette

Un jour, Clairette me téléphone pour m'offrir d'aller travailler dans la boîte dont elle était la directrice, rue Saint-Jacques. Ça ne me disait rien qui vaille. En fait j'avais peur de cet univers de «boîte à chansons» qui m'était totalement étranger. Mais mon impresario, Madame Daniel, m'avait convaincue d'accepter. Ça n'avait pas été facile:

— Jeannette, pourquoi avoir accepté de m'envoyer dans une boîte à chansons? Mon public ne fréquente pas ce genre d'endroit et je vais me retrouver face à une bande de m'as-tu vu!

— Mais non, Madame Ouellette, n'ayez crainte, tout va bien se passer. Et depuis quand le public vous a-t-il abandonnée? Allez-y en toute confiance!

Le soir de la première arrive et je me présente rue Saint-Jacques avec Louis Armel, mon partenaire. La boîte était située tout en haut d'un escalier que je me refusais à monter. Je dépose mes bagages par terre et je dis à Louis:

— Louis, je regrette, mais je ne monte pas là!

— Voyons, Madame Ouellette, qu'est-ce qui vous arrive?

— Ce n'est pas ma place. Je vais voir des becs pincés qui vont se foutre de ma gueule. J'ai passé l'âge!

— Madame Ouellette, vous ne pouvez pas faire ça, on nous attend. Et puis, je suis certain que tout va bien se passer.

— Il n'y aura pas un chat! Je n'aurais jamais dû accepter.

— S'il n'y a personne, on repartira. Allez, montons!

J'arrive en haut de l'escalier dans un drôle d'état. Mais je n'ai pas mis le pied dans la boîte que la salle éclate en applaudissements et que tout le monde se lève pour m'accueillir. La salle était bondée. Il y avait des gens partout.

Une fois rendue dans ma loge, j'ai dû me parler sérieusement:

— Franchement, La Ouellette, tu exagères. Tu as énervé tout le monde pour rien. Il FAUT que tu te corriges.

Et Louis qui en remettait:

— Vous voyez! Mais quand donc allez-vous avoir confiance en vous? C'est toujours pareil, vous n'apprendrez donc jamais?

Je suis restée deux semaines et on en redemandait. Clairette m'a réengagée et j'y suis retournée avec plaisir. C'est une femme chaleureuse, une artiste généreuse avec une sensibilité à fleur de peau.

— Vous n'allez pas pleurer, Clairette, que je lui disais avec un clin d'œil!

Merci Clairette pour la confiance que vous m'avez témoignée. Je demeure «votre Rôse».

Georges Guétary

Il était venu ici en 49 présenter un spectacle duquel faisait partie Clairette. Je l'ai connu beaucoup plus tard alors que nous participions à une revue au Théâtre des Variétés.

On m'avait raconté qu'il était un peu «haïssable» et parfois compliqué. Il n'en fut rien. Nous sommes devenus rapidement les meilleurs amis du monde. Il m'a laissé son adresse à Paris et m'a bien fait promettre de lui écrire pour le prévenir si un jour je passais par Paris. «Tu seras mon invitée, Rose.» L'homme est aussi gentil que l'artiste est doué. Ah si je pouvais trouver le temps d'aller voir Paris! Et Guétary!

Réal Giguère

L'animateur dont tout le monde regrette l'absence au petit écran. Je l'appelle affectueusement mon «gros jambon», du titre d'une chanson qu'il avait enregistrée et qui fit beaucoup de bruit à l'époque.

Il a toujours été avec moi d'une délicatesse et d'une gentillesse exemplaires. J'ai fait avec lui des entrevues que je considère parmi les plus réussies de ma carrière. Il a le respect de son métier et du public. Des artistes aussi.

Réjean Lefrançois

Je vous en ai déjà parlé en vous racontant mes seconds débuts au théâtre. Que dire de plus? Qu'il est un des meilleurs «bourgeois» que j'aie eus? Qu'il est devenu un ami? Vous l'aviez compris. Qu'il me gâte en me permettant d'exercer mon métier dans des conditions idéales? Je tiens à le dire. Et surtout, surtout, je le remercie du fond du cœur pour l'occasion qu'il me donne de revoir mon public, ma vie!

Jean Grimaldi

Le roi de la tournée. Avant lui, très peu de tournées avaient eu lieu dans les régions éloignées. Il y avait bien eu Jean Nel et Alfred Nohcor, mais c'est Jean qui a vraiment organisé des tournées de façon régulière. Il fut l'un des tout premiers à se rendre à Val-D'Or afin de divertir les mineurs.

Je n'ai fait que deux tournées avec lui, mais je devais le retrouver plus tard alors qu'il venait de reprendre en mains le théâtre Canadien avec Michael Custom.

Presque tous les comédiens ont travaillé un jour ou l'autre pour Jean Grimaldi et ont pu apprécier la gentillesse de sa femme Fernande qui savait nous encourager avec toutes sortes de petits cadeaux.

Si je n'ai pas fait plus de tournées, c'est que j'avais horreur de ce long ruban de boue sur lequel nous roulions de la Gaspésie à l'Abitibi.

Le nom de Jean Grimaldi est intimement lié au monde du burlesque et sa connaissance des artistes est phénoménale. Un jeune homme qui ira loin!

Ceux dont je tiens à vous parler maintenant sont ceux qui prennent soin de ma santé. D'abord le docteur Laurier Therrien. Celui-là je l'adore! Chaque fois que je le consulte, il me dit que je n'ai rien. C'est un diagnostic assez agréable à entendre, non? Il veille tellement bien sur ma santé que je ne suis jamais malade.

Pour les yeux, je vois un grand spécialiste, le docteur Jean Dumas, qui, en plus de prendre soin de mes yeux, m'honore de sa présence au théâtre.

Au fond, je ne suis jamais malade. Je ne l'ai été qu'une fois sérieusement, à l'âge de dix-neuf ans. J'avais un grave problème avec ma gorge et vous comprendrez que si la chose est désagréable pour tout le monde, elle devient dramatique pour une chanteuse et une comédienne. J'ai dû subir une opération très sérieuse (à la clinique du docteur Legrand, rue Cherrier) pour empêcher que mes amygdales n'envahissent complètement mes cordes vocales. La convalescence fut longue et je dus cesser de chanter et de jouer pendant toute une année. Je l'ai fait, mais ça n'a pas été facile. J'ai prié très fort pour que tout se passe bien et surtout, surtout, pour que je puisse reprendre mon métier: Le plus beau du monde!

LE PLUS BEAU MÉTIER DU MONDE

J'ai choisi le plus beau métier du monde et je n'en changerais pas. Il a rempli ma vie au point de prendre toute la place. Je me surprends parfois à songer à ce qu'aurait été ma vie si je n'avais pas exercé ce métier et ça me semble absolument impossible à imaginer.

Il est évident que je ne connaissais rien de ce métier quand je l'ai choisi. Ou bien est-ce lui qui m'a choisie? Peu importe. J'ai toujours voulu faire rire. Si j'ai commencé par faire de la chanson, c'est uniquement une question d'opportunité. Je voulais être comédienne. Comique, comme on dit maintenant. Pour faire rire, j'ai fait rire! Mais je ne sais toujours pas pourquoi! Un de mes amis, psychiatre à Sherbrooke m'a expliqué que je ne pouvais pas me trouver drôle en me regardant dans une glace parce que je n'étais pas la même que sur scène. Mais je ne me vois pas sur scène, et il paraît que c'est là que je suis drôle. Quel grand malheur pour moi!

Je dois avouer que je n'ai pas le rire facile. Peu de gens me font rire. Je ne dis pas qu'il n'y en n'a pas, je dis qu'il y en a peu!

J'adore Louis de Funès. Si j'en parle au présent, c'est que, pour moi, il est toujours vivant. Je l'ai connu par le cinéma, et le cinéma a le grand avantage de prolonger les carrières longtemps, longtemps, longtemps, après que les acteurs ont disparu...

Lors de son décès, j'ai lu des reportages racontant ses débuts. Ses longs débuts devrais-je dire, puisqu'il a mis vingt ans à jouer les premiers rôles. C'est une des lois immuables de ce métier que les jeunes ont beaucoup de mal à comprendre. On a beau avoir le «talent», ça ne suffit pas. Il faut apprendre son métier et il n'y a qu'une façon d'y arriver: l'exercer le plus souvent possible!

Le métier que j'exerce demande du *timing,* du rythme si vous préférez, bien que ce ne soit pas tout à fait la même chose. De l'imagination aussi. C'est une qualité essentielle pour l'improvisation, un art qui n'est pas aussi facile qu'il en a l'air. L'improvisation au théâtre est vieille comme... le théâtre et a traversé toutes les modes en portant toutes sortes de noms. Le National était un temple de l'improvisation en son temps. Aujourd'hui, le flambeau est repris par la Ligue nationale d'improvisation. La désormais célèbre LNI.

C'est un métier exigeant, soit, mais qui apporte aussi sa large part de satisfactions.

Je ne dis pas que je n'ai pas connu des moments difficiles, mais difficiles ou agréables, ils font partie de ce métier et il faut les accepter.

Je me souviens qu'à mes presque débuts, alors que je travaillais au théâtre Impérial à Québec, je vivais plus que simplement. Je gagnais 125 $ par semaine pour présenter deux spectacles par jour, sept jours par semaine. Une fois ma chambre et ma pension payées (j'habitais chez Madame Bouchard, rue Dorchester, près de la caserne des pompiers), et après avoir expédié un peu d'argent à ma famille, il me restait une dizaine de dollars en poche. Donc, pas de grandes folies à faire. Je me souviens qu'avec les chorus-girls, nous courions les ventes de bas de soie dont elles faisaient une grande consommation. Nous en trouvions pour trente-cinq sous.

C'est à ce moment que je fis la connaissance d'un de mes admirateurs, assez âgé et célibataire, qui ne savait plus quoi faire pour me plaire. Il m'avait invitée au restaurant et j'avais accepté de l'accompagner dans un endroit super-chic et qui coûtait les yeux de la tête. Je me disais en dégustant que j'aurais préféré en avoir moins, mais plus souvent. Le lendemain, mon «vieux garçon» rapplique et m'invite à nouveau.

— Écoutez, vous êtes gentil mais au lieu de dépenser autant pour un repas, j'aimerais mieux que vous trouviez autre chose.

— Qu'est-ce qui vous ferait plaisir alors?

Une des chorus-girls, témoin de la scène, lui répond en blaguant:

— *Give her a cheque*!

Le lendemain, je trouve dans ma loge une enveloppe avec un chèque de cent dollars, une somme pour l'époque!

Une pauvreté comme celle-là est presque inimaginable aujourd'hui: nous n'avions rien! Notre garde-robe était réduite au strict minimum et la nourriture était tellement rare que nous «faisions une danse» quand nous pouvions nous payer un bon repas. C'était la course au boucher les jours où il y avait une vente de viande hachée: 10 livres pour 1 $. Je me souviens bien de cette boucherie, angle Ontario et de Lorimier, mais si elle existait encore, j'ai bien l'impression que les prix auraient changé.

Nous n'avions rien et, pourtant, je crois que j'étais plus heureuse dans ce temps-là que je ne le suis aujourd'hui. Il y avait chez les gens un esprit de solidarité qui se retrouve difficilement de nos jours. Quand on ne sait plus quoi désirer, on s'ennuie, et quand on peut s'offrir tout ce qu'on veut, on devient blasé! J'ai d'autant plus de plaisir à obtenir quelque chose que j'ai éprouvé de la difficulté à me le procurer.

Mais revenons à ce métier — le plus beau du monde je le rappelle — pour que je vous raconte une aventure qui m'avait beaucoup inquiétée sur le coup.

Je devais commencer au Coronet, boulevard Charest à Québec, lorsque je dois me rendre à l'évidence: je n'ai plus de voix! L'extinction complète! J'étais affolée. Gaston Boileau, mon partenaire du moment, prend la situation en mains et m'emmène dans une pharmacie tenue par un de ses amis.

— Écoute, vieux, il faut faire quelque chose pour La Poune, elle a une extinction de voix et elle doit être sur scène dans quelques heures.

Le pharmacien se tourne vers moi et, d'une voix à la fois haut perchée et encore plus éteinte que la mienne, je l'entends nous dire dans un effort suprême:

— Prenez des Valdas, y a rien d'mieux qu'ça!

C'est peut-être une bonne réclame mais, dit par lui, ça laissait des doutes. Je retourne donc au Château Champlain où j'habitais, ne sachant plus que faire. Finalement, quelqu'un déniche un médecin qui se fait rassurant:

— Chère Madame Ouellette, ne vous inquiétez pas, dans une demi-heure, vous serez guérie, dit-il en m'enfonçant une aiguille dans la fesse.

La voix revint peu de temps après, mais le combat que la piqûre livrait à ma grippe était difficile à supporter. Je résolus quand même de me rendre au Coronet et d'y présenter mon spectacle. Tout en me préparant, je vérifie si j'avais tous mes accessoires et je m'aperçois qu'il manque une petite tribune sur la scène. C'était essentiel puisque je personnifiais un juge. Il fallait bien que je sois un peu «au-dessus» de mon partenaire d'accusé.

— Pas grave, Madame Ouellette, me dit le patron, on va vous en fabriquer une.

Ce soir-là, le juge La Poune a siégé sur des caisses de bière. Qui dit mieux?

Je ne me sentais pas très solide juchée sur mes caisses de bière, mais je mettais ça sur le dos de la maladie. Le premier spectacle se déroule tant bien que mal. Je tenais bon.

Au deuxième spectacle, je commence à paniquer! Et pour que La Poune panique, ça lui en prend! Mais je me sentais tout étourdie, sur le point de défaillir. Je n'avais plus le sens de l'équilibre. Je pensais: «C'est l'effet des médicaments.» Quelques minutes plus tard, je m'étends de tout mon petit long! À force de bouger, ma tribune de caisses de bière s'était déplacée et j'avais perdu pied. Le public a beaucoup ri et moi aussi... quand j'ai réalisé que ce n'était que ça.

Il m'est arrivé de travailler dans des conditions difficiles. Parfois je n'y étais pour rien — je pense à la maladie —, mais quelquefois j'avais des reproches à me faire, comme ce jour où je m'étais tellement exposée au soleil que j'en voyais des étoiles! Mais j'ai toujours su respecter mes engagements et le public n'a jamais eu à en souffrir.

Les trophées

Je peux dire que j'ai reçu ma bonne part de trophées et j'espère bien que ce n'est pas fini.

Un de ceux que j'ai reçus et qui m'avait beaucoup touchée est celui qu'on m'a offert au National pour souligner mes quinze ans d'assiduité. Ce fut une soirée que je n'oublierai jamais. Je n'aurais jamais cru que j'avais autant d'amis.

J'ai reçu un Méritas en 1966, justement l'année où Olivier Guimond était nommé Monsieur Télévision et où la Miss n'était nulle autre que Dominique Michel. Un «Appollo» en 70, le trophée du «Gala Cabaret« en 79 et celui du Carnaval de Chicoutimi en 80. Également le trophée «Troubadour» de Labatt et celui du «Gala des Vedettes» en 81. Un «Hector» et enfin, le trophée «Ti-Blanc Richard» que m'a remis sa fille Michèle.

Mais mon plus beau trophée demeure la constante affection du public. Il compense pour les petits chagrins quotidiens.

Parce que ce métier n'apporte pas que des joies. J'ai eu parfois beaucoup de peine. Des gens pour qui j'avais de l'estime, à qui je trouvais beaucoup de talent et qui auraient pu être des camarades, m'ont snobée. Sans raison. Certains me critiquaient sans jamais m'avoir vue, sans même me connaître. Vous avouerez que des gens qui ne vous connaissent pas et qui disent du mal de vous, c'est difficile à accepter.

Par exemple, j'ai été chagrinée d'apprendre que Madame Yvette Brind'Amour avait refusé de participer à l'émission de la série «Visage» que m'avait consacrée Radio-Québec il y a quelques années. J'aurais pu ne pas le savoir, mais le hasard a voulu que je l'apprenne et j'en ai été peinée. D'autant plus que j'avais souvent rêvé de tenir un petit rôle de bonne sur la scène du théâtre Stella. Je ne reproche pas, je constate.

Ce qui ne m'empêche pas de la regarder jouer à la télévision et de trouver qu'elle le fait avec beaucoup de talent. Avouez qu'elle joue les comtesses comme si elle était née sur les marches d'un trône!

Les commerciaux

Les commerciaux radiophoniques ou télédiffusés sont une activité non négligeable de notre métier et j'en ai fait à l'occasion. J'en referais même avec plaisir mais... il y a un mais. Mesdames et messieurs des agences: je ne passe plus d'auditions! Est-ce prétentieux de ma part? Je ne le crois pas. J'ai un horaire encore chargé et il me semble en avoir assez fait pour que vous ayez une idée de ce que je peux faire pour vous. Et pendant que je vous ai, oserai-je vous dire que vous devriez sortir un peu et découvrir de nouvelles têtes. Le public se lasse de la répétition. Toujours les mêmes voix, toujours les mêmes têtes. Il y a plus de trois mille membres dans l'Union des Artistes et vous semblez n'en connaître que trente. Il vous manque deux zéros. Du sang neuf, qu'il soit jeune ou vieux, ne vous ferait pas de tort.

ROSE ET LES FÊTES

Je n'ai jamais connu de très beaux Noëls, ce qui fait que je n'en garde aucun souvenir particulier. Sauf peut-être celui où je reçus une poupée en cadeau de ma sœur aînée. C'était la première fois qu'on me faisait un cadeau. Je devais avoir six ans et si je me souviens de ce Noël plus particulièrement, ce n'est pas tellement à cause du cadeau, mais bien plutôt à cause du décès de mon père, survenu le même jour. Un bizarre cadeau de Noël!

Les Noëls de mon enfance ressemblaient à n'importe quel autre jour. Nous étions trop pauvres pour «fêter». Mon premier arbre de Noël, je me le suis offert à trente ans, à l'âge où on ne croit plus au Père Noël. Était-il trop gros pour notre petite cheminée?

Noël a longtemps représenté un surcroît de travail pour moi et pour les comédiens de ma troupe. Au National, par exemple, la veille de Noël, nous présentions un *midnight show* qui se poursuivait jusqu'aux petites heures du matin. C'était du délire!

Il y a quelques années, je joignis l'utile à l'agréable en allant présenter mon spectacle au Suez, à Miami. J'adore le soleil de la Floride en décembre! Je garde le meilleur des souvenirs de M. Lucas, le propriétaire de Suez, et de son fils, ainsi que de Thérèse et Liliane, deux membres du personnel qui n'en finissaient plus de me gâter.

Comme je n'aime pas magasiner en temps normal, vous comprendrez que la cohue du temps des fêtes dans les grands magasins ne m'attire pas particulièrement. J'aime le public, je crois l'avoir prouvé, mais j'ai rarement le goût d'être «emportée par la foule».

Autant vous le dire pendant qu'on y est, j'ai l'anniversaire aussi tranquille que le Noël. S'il y a des gens qui s'offusquent parce qu'on a oublié de souligner leur anniversaire, je ne fais pas partie de leur groupe.

Avant qu'elle ne nous quitte, ma sœur cadette Andréa avait l'habitude de me téléphoner le matin de mon anniversaire. Je l'entends encore me dire en blaguant: «Bonne fête... encore, Rose-Alma!»

Mais si on ne m'y faisait pas penser, je ne remarquerais même pas le 25 août. Ce qui ne veut pas dire que je n'apprécie pas les fêtes que des camarades organisent à l'occasion de mon anniversaire, bien au contraire, ces marques d'affection me touchent profondément. Ce que je veux dire, c'est que vous pouvez vous dispenser de mettre TOUTES les chandelles sur le gâteau!

ROSE ET LA FOI

J'avoue ne rien connaître de la vie spirituelle de la Poune. Je ne sais même pas si elle en a une. Mais Rose, elle, a la foi.

Je sais que cela m'a beaucoup aidée à traverser les épreuves que la vie n'a pas manqué de mettre sur mon chemin, comme sur celui de tout être humain. Sans la foi, je me serais souvent révoltée contre les coups du sort que je trouvais injustes — on ne comprend pas toujours le pourquoi des choses sur le coup — ma foi m'a sauvée!

Avec les années, j'ai vu partir beaucoup de personnes qui m'étaient chères et j'ai souvent cru que je n'arriverais pas à m'en remettre. Puis le temps, ce grand guérisseur, s'est chargé d'atténuer la douleur. J'ai dû apprendre à vivre sans la précieuse collaboration de ma regrettée secrétaire, Gertrude Bellerive. Cela a été difficile. Tout comme la mort de ma sœur cadette, Andréa, qui n'avait que soixante-six ans quand elle nous a quittés après une maladie qui aura duré trois longues années. Comme elle habitait le même immeuble que moi, j'ai vécu de près son calvaire et j'en ai été bouleversée. Comme on se sent impuissante devant les souffrances d'une personne aimée!

Je crois en Dieu et je m'en suis fait un ami sur lequel je peux compter. Il me l'a prouvé souvent et je sais maintenant qu'il accorde son soutien à quiconque lui en fait la demande. Et puis, comme il n'est pas snob pour deux sous, mon Dieu à moi fréquente autant les scènes de théâtres que les nefs d'églises. Avec mes horaires, c'est drôlement pratique!

LA POUNE ET LA POLITIQUE

Si Rose Ouellette a le droit de vote — comme toutes les femmes — La Poune elle, n'y a pas droit. La Poune fait du divertissement, pas de la politique. Remarquez que j'ai vu tant d'hommes politiques jouer la comédie que j'aurais pu lui en laisser faire, mais ça ne l'intéressait pas. De toute façon, c'est un sujet trop personnel que chacun se doit de régler en son âme et conscience.

Ce que mes quatre-vingts ans me permettent de dire cependant, c'est que «plus ça change, plus c'est pareil». Le pouvoir me donne l'impression qu'il peut faire perdre la mémoire. Ne riez pas, bande d'incrédules, ça s'est déjà vu!

Les gens qui font de la politique ont cependant un dénominateur commun avec les artistes: ils doivent plaire au public! Peut-être encore plus avec l'avènement de la télévision où on leur demande non seulement d'avoir des idées, mais encore de les faire passer à l'écran.

Il y a une politique à laquelle je ne dérogerai jamais, c'est la politique du RIRE!

Au fait, le ministère du rire, c'est pour quand?

J'aurais peut-être des chances puisque que je suis «bien» avec les deux premiers ministres. À preuve, les témoignages qu'ils m'ont fait parvenir et que vous me permettrez de citer:

«Qui de ma génération n'a pas entendu parler de La Poune!

Pour des milliers de chômeurs, victimes de la crise économique d'avant-guerre, Rose Ouellette aura été ce boute-en-train qui vous enseigne à rire de vos malheurs plutôt que d'en pleurer. Et durant la guerre, combien d'hommes et de femmes sont ressortis du théâtre National soulagés de leur angoisse et profondément revigorés par le rire franc et libérateur que savaient si bien susciter La Poune et sa troupe.

Valéry Giscard d'Estaing, alors jeune professeur au Collège Stanislas, passait, paraît-il, ses soirées les plus gaies au National. Et le futur président de la France n'était pas le seul. Au lieu de sécher sur une dissertation consacrée à la commedia dell'arte et son influence sur Molière, je connais plus d'un étudiant qui préféraient aller se dilater la rate en compagnie de La Poune et des autres grands comiques de l'époque.

Malgré son âge, Rose Ouellette n'a pas fini de nous faire rire, et je lui souhaite encore longue vie parmi nous. À notre époque inquiète, nous avons besoin d'elle et de ses semblables pour éviter de nous prendre trop au sérieux.

Ottawa 1980 P.E. Trudeau
Premier ministre du Canada

«Chère Madame,

Permettez-moi de me joindre à ceux qui vous rendent hommage aujourd'hui.

Je sais à quel point votre souci du travail bien fait vous a apporté l'admiration de ce public québécois que vous respectez tant.

Acceptez mes plus sincères félicitations et... lâchez pas.

Québec René Lévesque
20 mars 1980 Premier ministre du Québec

Mon dernier partenaire au cabaret, le fantaisiste Louis Armel, une soie!

Mon ange gardien, ma petite-fille Kathleen.

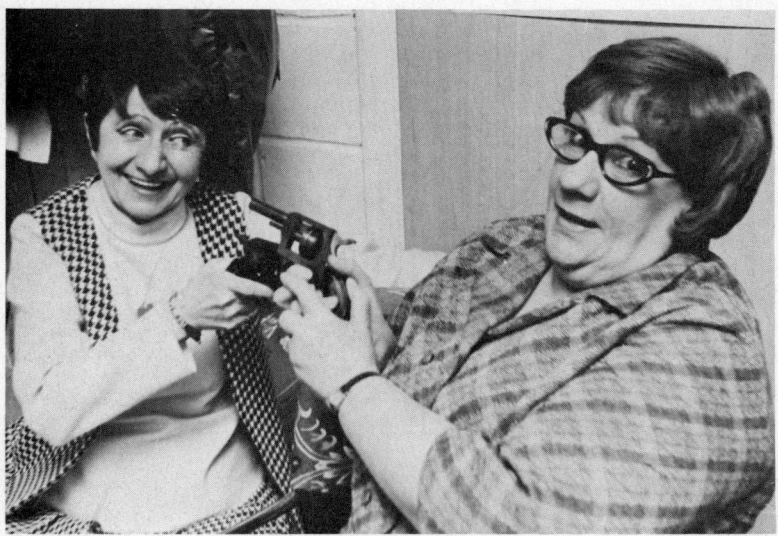
Avec Manda Parent. Ne vous fiez pas à la photo, notre meilleure arme est encore le RIRE!

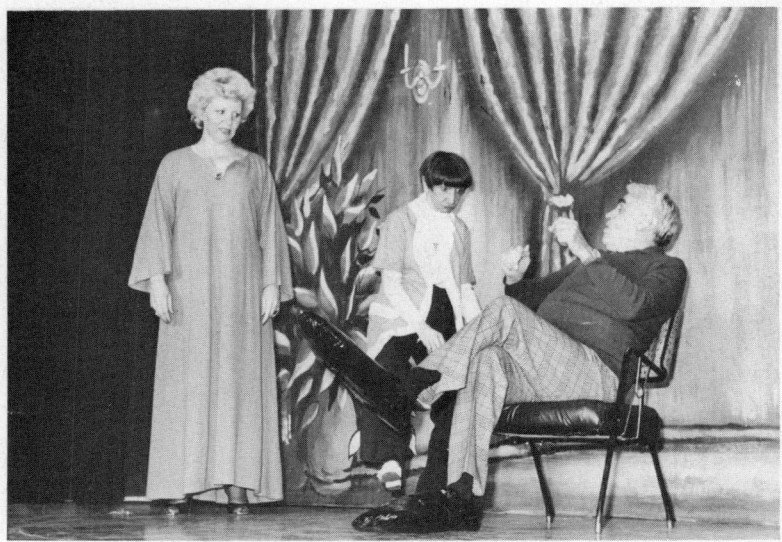
Au théâtre des Variétés, je participe à une revue avec Suzanne Lapointe et Léo Rivest.

Avec un grand comique, Yvon Deschamps, et «Western» Mc Quade. Déguisée en bonne pour la centième fois.

J'aime bien rester chez moi...

LA POUNE ET LES SPORTS

J'adore la pêche! Ça commence à se savoir parce que je ne rate jamais une occasion de le dire.

Je me souviens qu'un jour sur la route, en revenant de la Gaspésie vers Montréal j'aperçois un petit groupe de personnes en train de pêcher. Je ne fais ni une ni deux, j'arrête ma voiture et je me dirige vers eux. C'était un groupe d'Américains dans une de «leurs» rivières à saumons.

Un des hommes du groupe vient vers moi et me demande:

— *You like fish?*

Si j'avais bien compris sa question, j'étais un peu embêtée pour lui répondre. Il faut dire qu'à cette époque mon anglais était très personnel et qu'il m'arrivait souvent de mettre la charrue avant les bœufs.

— *Yes, yes, I like. Is it* du saumon?
— *What?*
— *Your fish, is it* du saumon?

Un de ses collègues, qui croyait parler français s'approche et tente de m'aider:

— Quoi parlé vous a?

— *Oh, you too english,* pas parler français?

— *A little bit!*

— *O.K. try your little bit and I try my little bit.*

— Vous voulez *join us?*

— *Sure!*

Je remonte à ma voiture chercher mes lignes — j'en avais toujours dans mon coffre — et je m'apprêtais à les rejoindre lorsque j'entends une voix bourrue qui me demande:

— Eille là, vous, ousque vous allez?

— Tiens, quelqu'un qui parle français!

— J'parle les deux langues. Ousque vous allez?

— Je m'en vais pêcher avec les gens que vous voyez là-bas. Ce sont eux qui viennent de m'inviter.

— Il faut un permis, venez le chercher!

— Un permis? Êtes-vous fou? Ils me l'ont donnée, la permission, ils m'invitent!

Les Américains, qui avaient observé le manège, firent signe au gardien de me laisser passer:

— *It's for fun!*

— *O.K. for fun*

Je commençais à m'énerver et au lieu d'entendre *fun,* je comprends «folle».

— *Hey you! You said* «folle».

— *No,* pas folle, *not crazy, I said fun.*

Je commençais à trouver ça un peu compliqué. Je m'installe quand même près d'eux et je commence à pêcher. Au bout d'un long moment, ça mord. Je donne un coup à ma ligne assez fort pour attraper une baleine... et je sors un bébé saumon gros comme une sardine. J'en avais assez. Je rejette le poisson à l'eau et je déguerpis:

— *Bye Bye, the* saumon *is too small here!*

Les Américains l'ont trouvée bien bonne!

J'aimerais bien aller à la pêche aux petits poissons des chenaux. Je devais toujours y aller mais ça ne s'est jamais réalisé. Mais je le sens, un jour, j'irai! C'est presque une honte pour quelqu'un qui dit aimer la pêche de n'être jamais allé à la pêche aux petits poissons des chenaux!

J'ai eu la chance d'être invitée souvent à des parties de pêche. Un jour, en province, les propriétaires de l'endroit où je me produisais m'invitent à venir pêcher dans leur lac privé. Un endroit de rêve. J'en aurais bien fait «mon» lac. Je m'installe et je sors coup sur coup douze belles grosses truites. Une vraie pêche miraculeuse. C'est une histoire de pêche... vraie. De retour à l'hôtel en fin d'après-midi, on me demande ce que je désirais pour souper.

— Je mangerais bien de la truite.

— C'est regrettable, mais nous n'en n'avons pas aujourd'hui.

— Pas de problèmes, j'en ai justement pêchée cet après-midi.

Quand le chef a vu mes truites, il n'en croyait pas ses yeux! Une Poune qui pêche, il n'avait pas prévu ça. Mais la cuisine n'avait pas de secrets pour lui et il nous prépara un festin. Mon Dieu que j'aime le poisson!

Ririez-vous de moi si je vous disais que j'ai été championne de badminton? Eh bien! vous auriez tort! C'est un sport que je pratique depuis longtemps et, si je ne suis plus la meilleure — encore que ça reste à prouver — l'art du moineau n'a pas de secret pour moi. Après tout, ne suis-je pas mémère Moineau?

Encore l'an dernier, en tournée avec la troupe de Réjean Lefrançois, qu'est-ce que j'aperçois de la fenêtre de ma chambre d'hôtel en me réveillant le matin? Un magnifique terrain de badminton. Je descends tout de suite pour aller voir ça de plus près. Bien qu'il fût encore assez tôt, des joueurs étaient déjà sur place.

— Bonjour, Madame La Poune! Venez-vous jouer une petite partie?

— Oh! vous savez, je n'ai pas joué depuis déjà un bon moment, je ne sais pas si...

— Mais oui, mais oui, venez!

Je dois admettre que j'ai joué une bonne partie. Je sautille encore pas mal du tout! Rose, je suis fière de toi me disais-je! Remarquez que La Poune y est pour quelque chose et l'énergie qu'elle dépense en scène tient les muscles de Rose en grande forme.

J'adore la boxe. Est-il besoin d'ajouter que si j'aime ce sport, je ne le pratique pas.

Je me souviens qu'un jour où je me trouvais à New York pour rendre visite à des parents (il restait encore quelques feuilles sur ma branche de famille américaine), ceux-ci décidèrent de sortir la cousine du Canada. Après m'avoir permis d'assister à un show époustouflant comme Broadway en a le secret, ils m'emmenèrent terminer la soirée au restaurant de Joe Louis, une légende dans le monde de la boxe. Mes cousins, qui étaient également restaurateurs, me le présentèrent:

— *Joe, our cousin Rose from* Canada.

— *Pleased to meet you!*

Mon anglais avait fait des progrès. Oh! je ne dis pas que j'étais devenue parfaite bilingue, mais je pouvais au moins me faire comprendre.

Joe Louis, le grand Joe Louis m'a reçue comme si nous nous connaissions depuis toujours. D'une gentillesse et d'une douceur presque inimaginable chez un colosse de cette trempe. Si j'étais impressionnée par le boxeur, je dois dire que l'homme m'a plu davantage.

Trois jours plus tard, j'étais sur la rue avec une cousine quand je crois voir Sugar «Ray» Robinson.

— Mon Dieu qu'il ressemble à Sugar «Ray» Robinson, tu ne trouves pas?

— Bien sûr, me répond-elle. Normal qu'il lui ressemble: c'est lui!

Il entre dans un restaurant et nous décidons de le suivre. Quelques minutes plus tard, les présentations étaient faites et j'étais ravie de parler à ce grand champion. Quand il m'a serré la main, j'ai bien failli m'évanouir d'émotion et je cherchais ma petite main complètement disparue dans la grosse «patte» de l'athlète.

J'aime beaucoup regarder jouer au basket-ball. À Miami, lors de mes dernières vacances, j'ai attrapé tout un coup de soleil en regardant une partie. J'étais hypnotisée par le jeu et je ne me rendais pas compte que le soleil brillait si fort. Je l'ai su le lendemain. La leçon fut... cuisante, c'est le moins qu'on puisse dire.

Et le tennis! J'ai regardé autant que j'ai pu les matches de Biorn Borg à la télévision. Quel athlète! J'ai eu de la peine lorsqu'il a annoncé sa retraite. J'aimais tellement le voir jouer. D'autant plus que je ne le trouvais pas laid du tout! (Rose, un peu de retenue, je t'en prie, qu'est-ce que les gens vont penser de toi!)

Mais à n'en pas douter, mon sport préféré, c'est la pêche! Dommage que je vienne tout juste de faire la connaissance de Roger Baulu à CKAC. Parce que lui, la pêche, il paraît qu'il connaît ça, le jeune!

LE MONDE DE LA DANSE

J'ai eu l'occasion de travailler avec une multitude de danseurs et de danseuses tout au long de ma carrière et j'aimerais bien vous parler de chacun d'entre eux. C'est évidemment impossible et je le regrette.

Tous les spectacles dignes de ce nom à l'époque avaient leurs «lignes» de danseuses. Au début, la plupart étaient étrangères, venant soit des États-Unis, soit d'Europe. Il était extrêmement difficile de trouver des danseuses d'ici puisque la morale de l'époque était loin d'encourager la danse. L'Église catholique, notamment, n'hésitait pas à souligner les «dangers de la danse» et à condamner ceux qui s'y adonnaient.

Les danseuses de la troupe, les *girls,* ne se mêlaient pas beaucoup aux autres membres de la troupe. Il faut dire qu'elles ne parlaient pas français, étant pour la plupart d'origine écossaise, irlandaise ou américaine. Certaines étaient parfaitement anonymes et ne travaillaient qu'en groupe, alors que d'autres faisaient un numéro «en vedette». Comme les Campbell Sisters, deux jumelles identiques, les Watson Sisters, Rita Cox, Grace

Chapman. En 1930, alors que je travaillais à l'Arcade dans une revue de Paul Hébert, les sœurs Fox et les Sally Girls, des danseuses remarquables, obtenaient un beau succès. Je pense à Florida Roy, une des premières francophones à se faire un nom dans le monde de la danse.

Une des danseuses les plus connues de l'époque fut sans contredit Effie Mac (Mac Donald de son vrai nom). Effie Mac était une Écossaise arrivée au Canada à l'âge de douze ans. À treize ans, elle commençait une carrière de danseuse, de comédienne et de chorégraphe. Elle était devenue Madame Olivier Guimond (père) et j'ai souvent eu l'occasion de travailler avec eux. Nous nous moquions parfois gentiment d'elle en imitant son accent: «Pardon, Effie, avez-vous vu «Taille-Zoune»?

Certains danseurs ont laissé de bien beaux souvenirs dans la mémoire du public. Je pense à Raynaldo notamment qui a marqué toute une génération. C'était un danseur fantastique qui a connu de très grands succès, notamment au National où il était tantôt danseur, tantôt comédien. Je l'avais découvert à Québec, au théâtre Arlequin, alors qu'il n'avait que dix-sept ans et je lui avais proposé de faire partie de ma première troupe du Cartier. Je me souviens qu'il était effrayé un jour à l'idée de travailler avec les Watson Sisters qui étaient vraiment de grosses vedettes dans le monde de la danse. Il avait fait un triomphe et je n'en fus pas du tout surprise: il avait assez de talent pour se mesurer à n'importe qui.

Je le vois encore, bien qu'il ne fasse plus de spectacles, puisqu'il habite le même building que moi. Il a une mémoire incroyable et est intarissable quand nous nous replongeons dans les souvenirs du National.

Comment parler de Raynaldo sans tout de suite penser à Geraldo? Ils ont si souvent travaillé ensemble! Je me souviens du jour où j'avais décidé de présenter un numéro dans lequel Geraldo devait faire danser Alys Robi. En principe, il devait lui faire faire une dizaine de tours mais un soir, peut-être à cause d'une petite altercation qu'il avait eue avec Alys juste avant d'entrer en scène, il décide de lui remettre la monnaie de sa pièce et il la fait virevolter au moins vingt-cinq fois. Le public, qui n'y voyait que du feu, applaudissait à tout rompre, mais la pauvre Alys était à bout de souffle — et pourtant, elle en avait du souffle —. Quand elle sortit de scène elle me dit:

— Madame Ouellette, la toupie, c'est fini pour moi!

J'ai revu Geraldo il y a quelques années. Il était parti s'établir au Mexique et quand sa femme est morte, il s'est déguisé en globe-trotter. Il n'avait pas changé. «Si j'avais changé, vous ne m'aimeriez plus, m'avait-il dit.» Et c'était bien vrai!

Comment parler de danseurs sans parler de «Trouspette»? C'est Juliette Pétrie qui l'avait baptisé ainsi et le surnom devait lui rester. De son vrai nom Ernest Plourde, il travaillait sous le pseudonyme de Jean Robi.

Je l'avais connu alors qu'il hantait les coulisses du National. Il devait avoir douze ans à l'époque et il était déjà tannant comme douze. Je le mettais à la porte par le devant, il me revenait par la sortie de secours derrière.

Un jour, son père vint nous voir et le découvrit dans les coulisses.

— Ernest, qu'est-ce que tu fais ici?

— J'apprends à danser, pôpa!

Et il est effectivement devenu danseur. Son numéro de *tap dance* avait beaucoup de succès. Je lui avais donné sa première chance au National le jour où je l'avais engagé à se joindre à la troupe de danseurs qui présentait un numéro assez spectaculaire. Tous vêtus d'un costume de marin blanc, les danseurs présentaient un numéro particulièrement apprécié du public féminin. Le premier soir, je les regardais évoluer de la coulisse lorsque j'aperçois soudain Trouspette tout en sueur noire. Je voyais son beau costume blanc se couvrir de gouttelettes noires. Noir sur blanc, ça se voyait beaucoup! Il n'était pas sorti de scène que je l'apostrophe:

— Trouspette, quessé ça?

— Parlez moé-z-en pas, Madame Ouellette, je voulais être à mon mieux et je suis allé me faire teindre les cheveux noir jais. Malheureusement, il fallait que je m'en vienne au théâtre et la coiffeuse n'a pas eu le temps de me rincer les cheveux!

Il était tellement humilié qu'il avait déjà sa leçon. J'essayai de trouver une solution.

— En attendant, tu t'habilleras en foncé. Tu seras le «mouton noir».

Je lui pardonnais tout. Il prenait beaucoup de place mais il avait un cœur d'or. Si vous vous retrouviez au restaurant avec lui, pas question de payer l'addition. Grand seigneur, il invitait tout le monde, comme s'il avait été Getty.

Il a vraiment laissé sa marque dans notre milieu et lorsque nous nous réunissons, gens du burlesque, son souvenir est toujours bien présent. «Ah, si Trouspette était là»!

DERNIER CHAPITRE

On m'assure que ce livre ne serait pas complet si je ne vous parlais pas un peu de moi dans la vie quotidienne. Allons-y puisqu'il le faut!

Un point que j'ai en commun avec cette Poune est sans contredit une grande réserve d'énergie. Je suis une femme active. Certaines personnes qui me connaissent bien diront que je n'arrête pas beaucoup et elles auront raison, mais je suis faite ainsi et je doute qu'on puisse se changer tout à fait à quatre-vingts ans. J'ai développé une façon de faire face à la vie qui me tient lieu de philosophie: je prends la vie au jour le jour en ayant soin de régler les problèmes au fur et à mesure qu'ils se présentent. Et, chanceuse que je suis, j'ai trouvé la solution à tous mes maux, tant physiques que moraux: LE SOMMEIL! Je laisse chaque soir mes soucis à la porte de ma chambre à coucher et je dors jusqu'à ce que j'aie récupéré. Je débranche mon téléphone et je me confie à Morphée, à ses bras et à mes rêves. Le sommeil est une chose sacrée pour moi. C'est mon secret!

J'ai toujours joui d'une excellente santé sans pour autant avoir à prendre de mesures particulières. Je ne fais pas d'abus... en tout cas le moins possible. Je mange peu, mais bien. À mon goût, c'est la meilleure façon de digérer. Sans être végétarienne, je mange assez peu de viande, mais ceci dit, je ne refuserai jamais une tranche de rôti de porc à l'ail. Je devrais plutôt dire un rôti d'ail au porc. J'adore l'ail! J'avoue que ce n'est pas toujours apprécié quand on donne la réplique à un partenaire qui en a horreur, mais je m'efforce de n'en manger que les jours de relâche. L'autre solution consiste à en faire également manger à votre partenaire. Un simple jaune d'œuf peut me soutenir des heures. Vous aurez remarqué que je suis du modèle compact, je consomme peu. Tant mieux, parce que la cuisine et moi... Enfin, c'est peut-être parce que je n'ai jamais su cuisiner que je me suis habituée à manger peu. Si vous pouviez me voir dans ma cuisine, vous ririez un bon coup. Je suis un poème culinaire. L'envers d'un cordon bleu. J'ai, par exemple, déjà réussi à rater des œufs à la coque, faut le faire! Je suis également réputée pour mon célèbre café: il suffit d'oublier de mettre l'eau et le café dans la cafetière en allumant la cuisinière à la plus haute intensité.

J'aime le homard, mais je ne peux me résoudre à l'acheter vivant. Un jour, dans l'ascenseur du building dans lequel j'habite, je vois une femme portant un sac qui bougeait.

— Mon Dieu, madame, qu'est-ce que c'est?

— J'arrive de la poissonnerie et j'ai acheté deux magnifiques homards.

— Vivants?

— Mais bien sûr, c'est tellement meilleur de manger du homard frais! Montez jusque chez moi, je vais vous montrer comment on s'y prend.

Quand elle a plongé ses homards dans l'eau bouillante, je vous jure que je les ai entendus crier. J'en ai eu les entrailles et bénies! En ce qui me concerne, je préfère acheter mes homards déjà cuits.

En toute franchise, le poisson que je préfère, c'est la barbotte, avec sa chair si abondante. J'aime la truite, bien sûr, mais je la préfère en bouillabaisse, c'est moins sec. Et le petit poisson des chenaux. J'espère bien que j'aurai pêché moi-même le prochain que je mangerai.

Blague à part, je mange surtout des fruits et des légumes. Du poisson aussi, j'adore tous les produits de la mer, avec un faible pour le homard.

À cause des horaires variés et brisés que m'impose mon métier, j'ai dû apprendre à contrôler mon appétit et, si je n'aime pas beaucoup manger avant d'aller travailler, j'aurais du mal en revanche à ne pas manger en rentrant du théâtre. Une bonne tartine de confitures aux bleuets ou encore une bonne tranche de rôti de porc frais, à l'ail comme de bien entendu. Et je dors comme un ange! J'ai dit «comme» un ange. Disons comme une bûche et n'en parlons plus.

Je fais de la culture physique tous les jours... ou presque. Et ce, bien avant que ce soit à la mode! (Tiens, il faudra en reparler des modes!) Je fais donc des exercices pour me tenir en forme d'abord, parce que le métier que j'exerce exige une condition physique capable de faire face à toutes les situations. Et puis pour ma ligne aussi, pour brûler les vilaines calories que fournit la bière. Bien que j'en boive peu, j'ai toujours aimé prendre une bonne bière à l'occasion. L'alcool ne me convient pas et je me contente d'en servir à mes invités.

On me dit souvent que je fume trop, mais il serait plus exact de dire que j'allume beaucoup de cigarettes. J'en ai parfois trois qui brûlent en même temps. J'ai commencé à fumer vers l'âge de quatorze ans, alors vous comprendrez que l'habitude est bien ancrée, faites le compte! J'avais quand même réussi à arrêter pendant cinq ans. J'essaierai encore!

J'adore les animaux en général et les chiens en particulier. J'en ai eu plusieurs et je les ai tous aimés beaucoup. Du premier — celui que j'avais exposé — au dernier, que j'ai dû mettre en pension à cause des tournées, ces bêtes m'ont beaucoup apporté et j'avais pour elles une affection réelle. Celui dont je me souviens le plus est un épagneul. Peut-être à cause de la façon dont il m'avait été offert. Laissez-moi vous raconter.

J'étais en tournée en Nouvelle-Angleterre avec l'ineffable Juliette Pétrie lorsqu'un jour, après le spectacle, deux Américains bien costauds, et qui avaient bien bu, s'amènent à notre table. Après quelques mots de conversation, l'un des deux me demande

— *Do you like dogs?*

Si je comprenais tant bien que mal ce qu'il me disait, je ne voyais pas où il voulait en venir avec son histoire de chiens.

— *Oh! yes!*

— *We'll bring you one tomorrow.*

Puis les deux gars s'en vont et Madame Pétrie me dit: «Oublie ça, Rose, des cadeaux de gars saoûls! Penses-tu qu'ils vont encore s'en souvenir demain?» Ils y ont pensé. À six heures le lendemain matin, on frappe à ma porte. C'était bel et bien mon Américain avec son épagneul, il avait tenu sa promesse d'ivrogne!

On m'explique qu'il faut faire vacciner le chien pour qu'il puisse passer les frontières. Nous devions quitter le matin même pour rentrer à Montréal et il n'y avait pas de temps à perdre. Je n'en perdis pas. J'empoigne le téléphone et je réveille mon imprésario — Fernande Grimaldi à ce moment-là — et je lui explique la situation en la suppliant de trouver une solution.

Elle réussit à dénicher un vétérinaire qui accepte de faire la piqûre, en robe de chambre, et de nous délivrer le fameux certificat sans lequel je ne pouvais ramener le chien au Canada.

Puis nous prenons la route vers Montréal et arrivons finalement aux douanes où je brandis mon petit papier au nez du douanier qui ne veut rien savoir de moi. Il avait reconnu «Miss Grimaldi», grande voyageuse devant l'Éternel, et nous faisait signe de passer.

Madame Grimaldi, tous ceux qui la connaissent vous le diront, est une femme charmante et tout à fait polie, mais ce jour-là, elle n'eut pas l'air d'apprécier le réveil à six heures, le vétérinaire à sept, et tout ça pour rien.

Mais l'histoire a une suite. Quelques mois plus tard, je décide de repartir aux États-Unis pour prendre quelques jours de repos cette fois. Le douanier voulait garder mon chien en quarantaine parce que j'avais oublié le fameux certificat de vaccination.

Vous comprenez maintenant pourquoi je me souviens particulièrement de mon épagneul.

Je n'ai pas de chien présentement parce que je les aime trop pour les enfermer dans un building du centreville. Il n'y a que des humains pour faire ça. Mais quand je serai vieille, dans plusieurs années, je prendrai ma retraite et j'irai vivre à la campagne avec deux beaux bergers allemands. Et d'autres animaux aussi puisque je les aime tous. Je n'ai jamais eu peur des animaux, sauf des chats, avec qui j'ai vécu une mauvaise expérience qui a terriblement refroidi nos relations. Je n'ai cependant pas la phobie des chats et si je les préfère petits, je ne grimpe pas dans un poteau en voyant un chat, fût-il noir.

On m'a souvent demandé si j'étais superstitieuse. Eh bien non, pas du tout! Je sais qu'il serait amusant de vous raconter que j'ai telle ou telle manie avant d'entrer en scène, mais non, rien du tout. Passer sous une échelle ne me dérange pas plus que d'ouvrir un parapluie dans une maison. Je ne crois pas non plus qu'une fille qui perd sa jupe aura un mari infidèle comme l'assurent certains habitants de Saint-Pierre-et-Miquelon. S'il fallait interpréter tous les hasards que la vie nous invente, on n'aurait plus le temps de faire autre chose.

J'aime écouter la musique. J'ai peu de disques, mais ceux que j'ai font mes délices. Il fut un temps où je jouais de plusieurs instruments: accordéon italien, piano, xylophone ou harmonica. Oh! je ne suis pas une virtuose, loin de là, mais je réussis à tirer des sons harmonieux de tous ces instruments. J'aurais aimé jouer de la trompette et j'avais d'ailleurs commencé à apprendre, mais j'ai préféré laisser tomber. C'est un instrument difficile à jouer et qui demande beaucoup de robustesse.

On ne peut pas m'accuser de coquetterie. Je vous l'ai dit, j'ai des goûts tout à fait simples et pas beaucoup de caprices. Ce sont des choses auxquelles il faut avoir été habituée dès l'enfance. Ce qui ne fut pas mon cas et j'avoue ne pas m'en porter plus mal. Les grands couturiers ne me doivent rien et je ne leur dois rien non plus. Je n'aime pas beaucoup magasiner et je me contente de l'essentiel. Un vêtement, avant d'être à la mode, doit d'abord être confortable. Je n'ai jamais eu ni le goût ni le temps de suivre la mode. À la scène, La Poune a toujours porté des costumes très simples. J'ai cru longtemps qu'elle m'imitait, à moins que ce soit elle qui ait déteint sur moi. Comme pour la coiffure, tenez, j'ai opté pour la simplicité. J'ai toujours eu beaucoup de cheveux mais ils étaient faciles à coiffer. À l'origine, ils étaient noir jais (mon père me surnommait affectueusement «la corneille») et je les portais plus longs. Puis, quand j'ai décidé de les porter très courts, ils ont rougi. La timidité peut-être!

On me demande souvent si j'ai des projets, si je songe à prendre ma retraite, enfin toutes ces questions auxquelles je n'ai pas de réponses à donner. Il y a longtemps que j'ai appris à ne pas faire trop de projets à long terme et à prendre la vie comme elle vient. Je rêve beaucoup cependant, et il arrive lorsqu'on y croit très fort, que les rêves se réalisent.

J'aime la vie et elle me le rend bien. Il y a évidemment des coups durs, des moments de doute et les peines à travers lesquelles on croyait ne jamais pouvoir passer, mais je sais maintenant que ces moments font partie de la vie et qu'il faut savoir les accepter. Je ne crois pas qu'on ait à faire face à des épreuves qui soient au-dessus de ses forces et, quand la douleur s'estompe, il reste de bien doux souvenirs.

Je sais qu'au bout de la route il y a la mort. J'ai vu partir assez de personnes qui m'étaient chères jusqu'à ce jour pour comprendre que la mort fait aussi partie de la vie. Serge Deyglun m'a longuement parlé de la mort d'une façon qui m'a impressionnée. Je n'ai pas peur de la mort et je suis prête pour le plus beau des voyages, j'en suis certaine.

DISCOGRAPHIE

Allô Toots!
La faute à Poupa
Avec un peu d'sauce
Piston Lalurette
L'amour c'est comme d'la salade
Faut pas s'en faire
Essaye à m'avoir
La Poune au Paradis
Faites pas d'histoires c'est vrai
Le carnet de rationnement
Gros méchant
La Poune
La complainte de la Poune
Quand la Poune a rendez-vous avec Minoune
Cache ça
T'as pas honte
Jamais j'ai vu pire que ça
J'ai fait pour bien faire
Remue-toi donc un peu
Faut qu'ça grouille

Ça c'est mon homme
Les vacances
En mangeant du chop-suez
L'autre jour dans les p'tits chars
À la campagne
Mon p'tit Barnabé
Parlons de l'ancien temps
Cordélia et Ti-phonse (en duo avec Paul Hébert)
La Saint-Jean-Baptiste (monologue)
Enfin je te retrouve (en duo avec Paul Hébert)

AVEC UN PEU D'SAUCE[1]

I

C'est en mangeant du poulet
Avec un peu d'sauce
Que j'ai connu des secrets

(refrain)

Mets du sel, mets du sel
Mets du poivre et puis du sel
Avec un peu d'sauce

II

Ce jour-là l'amour m'a pris
Avec un peu d'sauce
J'ai connu des mots gentils

(refrain)

III

J'ai connu des grands serments
Avec un peu d'sauce
J'entendais crier mouman

(refrain)

IV

J'vous dis ce fut surprenant
Avec un peu d'sauce
J'ai vu des événements

(refrain)

---

1. 78 tours, Starr 16704, auteur: René Paradis.

V

Des fois c'était amusant
Avec un peu d'sauce
Des fois c'était énervant

        (refrain)

VI

Et ce fut mon grand roman
Avec un peu d'sauce
J'devenais les yeux plus grands

        (refrain)

VII

Et un jour le cœur content
Avec un peu d'sauce
Joe m'a dit en m'épousant

        (refrain)

VIII

Et j'élève mes p'tits enfants
Avec un peu d'sauce
Je leur dis à chaque instant

Mets du sel, mets du sel
Mets du poivre et puis du sel
Avec un peu d'sauce.

LA POUNE AU PARADIS

I

C'est moé La Poune qui monte au Paradis
Jouant ma toune amusant mes amis
V'là tous les saints qui se mettent à danser
Et dans l'entrain le bal a commencé
St-Pierre dansait une gigue
J'ai dit: C'est l'temps de l'enjôler

II

Et St-Thomas vient et me dit tout bas
Ta place est là assis sur le tas
Voyons ton cas et ensuite on saura
Si c'est en bas que ton corps descendra
J'disais l'âme inquiète
J'devrais prendre un bon avocat

III

Dans la vallée où sont les condamnés
Comme une poupée j'suis à me confesser
Mon grand péché fut fait par ma beauté
Et les jurés de mon sort vont juger
J'étais parmi les anges
J'disais mes deux ailes sont cassées

IV

Dans l'paradis c'était partout le cri
Donne-z-y donne-z-y donne-z-y son pedigree
C'est là qu'on dit va ouvrir un châssis
Et lâche un cri: sortez-là par ici
J'criais d'vant St-Pierre
Faut-il payer mes facéties

V

Et j'ai vaincu tous les maux attendus
Je fus l'élue, au ciel la bienvenue
On a rendu le verdict attendu
Et on a su qu'j'avais toute ma vertu
J'ai dit à tout's les anges
Venez-vous-en on va jouer au bingo
Bobum Bobum...

JE N'AURAI PLUS JAMAIS VINGT ANS

Il m'arrive d'être seule avec mes souvenirs
Et je pense à ce temps merveilleux
Je revois ma vie, mes vingt ans, mes folies
Mes amours, mon métier, mes amis,
Et mon cœur pleure ce temps où j'étais au printemps
D'une vie bien remplie
Je suis presque rendue au bout de mon chemin
Et demain, oui, ce sera la fin

Je n'aurai plus jamais vingt ans
Vingt ans pour prendre la clé des champs
J'ai l'goût d'rire, de pleurer,
J'ai l'goût d'me raconter
Je n'aurai plus jamais vingt ans

Le temps d'une Rose, le temps d'une chanson
Me voici avec mes rides au front
Le rideau s'est levé, le rideau va tomber
Où sont-elles toutes ces belles années

Je n'aurai plus jamais vingt ans
Vingt ans pour prendre la clé des champs
J'ai l'goût d'rire, de pleurer,
J'ai l'goût d'me raconter
Je n'aurai plus jamais vingt ans
Mon Dieu!
Je n'aurai plus jamais vingt ans.

TABLE DES MATIÈRES

Préface	7
Avant-propos	9
Mon enfance	11
Le marché du travail	19
Mes grands débuts	27
Ti-Zoune	49
Le Cartier	55
Les «disques»	59
Le National	65
Les clubs	73
Mes seconds débuts au théâtre	99
La télévision	105
Les journalistes	113
Les voyages	117
Mes amis les comiques	121
Mes amis disparus	133
Les gens que j'aime	161
Le plus beau métier du monde	175
Rose et les fêtes	183
Rose et la foi	185

La Poune et la politique 187
La Poune et les sports 193
Le monde de la danse 199
Dernier chapitre................................. 203
Discocraphie 211
Chansons 213

792.0924   11738   093

**BIBLIOTHÈQUE PUBLIQUE DE
ST-ISIDORE DE PRESCOTT
ET PLANTAGENET SUD**

Achevé d'imprimer
en juin mil neuf cent quatre-vingt-trois
sur les presses de l'Imprimerie Gagné Ltée
Louiseville - Montréal.
Imprimé au Canada